MARRUECOS 1925

ABD-EL-KRIM CONTRA FRANCIA
(Impresiones de un cronista de guerra)

DEL UARGA A ALHUCEMAS

LÓPEZ RIENDA

Compila y edita: Ico López-Rienda

ISBN: 978-84-613-7818-0
Deposito Legal n°: GC-152-2010

SIN PRÓLOGO.— LA ÚLTIMA SORPRESA. — SOBRE NUESTRAS NUEVAS LINEAS

No creo necesario hacer un prólogo a este libro. En asuntos de Marruecos, todo prólogo está ya desacreditado y carece de interés. El público está fatigado, cansado, harto de África. Y más que prólogo desearía un epílogo. Especialmente España, esta España nuestra tan desangrada por esta vena que desde hace tiempo forma parte tan principal de su cuerpo.

Me abstengo, pues, de hacer prólogo. Y me limito a expresar en breves líneas los motivos de mi viaje a la zona francesa, a fin de recoger las impresiones que hoy recopilo aquí por estimarlas muy interesantes, ya que la zona francesa fue albergue mucho tiempo de enemigos nuestros, a los que no se impidió toda maniobra, sin pensar que las cañas habían de volverse lanzas...

***

Fresca aún la sangre derramada en el repliegue español a los puntos costeros de nuestra zona—con arreglo al plan del general Primo de Rivera—, a fines de abril de este año de 1925, recorren el mundo entero las primeras noticias alarmantes de una invasión enemiga al norte del Marruecos francés, el levantamiento de varias cabilas y la amenaza de que caiga Fez en poder de los rebeldes.

¿Qué ocurre?... Abd-el-Krim, hecho al calor del divorcio que reinó siempre entre las direcciones de los dos protectorados—pues de otra manera, con una inteligencia y una colaboración leales, no hubiese alcanzado tan insospechado relieve—había cambiado bruscamente de procedimientos. Y rompiendo la manifiesta neutralidad que mantenía con los franceses organiza un ataque general a las líneas del Carga, cuyo río —ya cruzado por las tropas francesas—debía ser el límite de la zona francesa con el Rif, según el famoso cabecilla.

Las primeras noticias fueron bastante confusas. Mientras unas referencias achacaban esta nueva manifestación de rebeldía a un movimiento general panislámico, de cuyos directores recibía Abd-el-Krim ayuda muy poderosa, otros creían firmemente que eran manejos extranjeros—alemanes sobre todo—, y los más aseguraban que era el comunismo el que avivaba el fuego de la lucha.

Que los sucesos tenían una importancia y una gravedad extraordinarias, no cabía duda.

Bastante cansado de mis andanzas con el ejército español de operaciones, tanto en los avances cuando perseguíamos al Raisuni para encerrarle en el Buhasem, hasta las dolorosas retiradas últimas de Uad Lau, Xauen y Beniros —sin olvidar los episodios más salientes de Melilla—, descansaba en Madrid una temporada, prometiéndomelas muy felices.

Pero, ¡ay!, que esto de Marruecos es un pleito viejo de difícil solución, que cada día reserva una sorpresa nueva. Y hecho triunfo en la baraja internacional, no sabemos todavía qué desenlace tendrá el juego. Los tantos que españoles y franceses se apuntaron hasta aquí no fueron nada favorables, especialmente para nosotros, que ya sufrimos serios contratiempos y los efectos más directos de tales sorpresas.

El levantamiento ahora de la zona francesa, dio al traste con mi descanso. Una buena tarde —ya la esperaba—recibí orden de El Sol de salir inmediatamente para la zona francesa a recoger impresiones de los acontecimientos.

* * *

Y en los primeros días de mayo llego a Tetuán para hacerme de la documentación necesaria y continuar por Larache al Marruecos francés.

Pero como el hombre dispone y... las circunstancias mandan, me encuentro encerrado transitoriamente en Tetuán. Cerrada la carretera de Tánger, había de perder unos días en la capital de nuestro Protectorado o volver por Algeciras a Tánger... Pero la Providencia vino en mi ayuda. Un brillante aviador español, el teniente Aguilera, regresaba por la tarde a su base de Larache, después de solventar asuntos del servicio en Tetuán. Me procuré el permiso necesario, y al atardecer, no obstante el fortísimo viento reinante, nos disponemos a salir.

En el aeródromo, nos aconsejan aplazar el viaje en vista del vendaval que azota todo el valle del Martín. Pero el tiempo apremia. Aguilera tiene urgencia por llegar a Larache y yo igual. Y no desistimos, metiéndonos en la cabina del *Breguet*.

Pronto nos convencimos de la violencia del viento. Al salir rodando el aparato e intentar el piloto dar la vuelta para coger el aire de frente y elevarse, se inclina violentamente el avión hacia la izquierda, se rompe el salva planos y se pincha una rueda... Queda el aparato como un pájaro herido sobre un ala. Del aeródromo mandan rápidamente un Ford, que facilita al teniente Aguilera procurarse los elementos necesarios para reparar la avería. Y poco después volvemos a intentar la salida.

Hábilmente, dando muestras de un gran dominio del aparato en el espacio, Aguilera se eleva sobre el aeródromo y enfila el Martín, aguas abajo, para orientarse mejor y escoger la ruta más franca, en vista de la masa tormentosa que se cierne sobre el cañón montañoso del Fondak. Salimos al Mediterráneo, y es maravillosa la vista que ofrece la línea airosa de la costa, que viene del morro de Ceuta y sigue en curva suave hacia Alhucemas.

Pero el Estrecho está igualmente cerrado de nubes, ya la media hora de vuelo, Aguilera me hace una seña. Vamos por el Fondak.

Luchando siempre con el vendaval, da la vuelta y enfila hacia Tetuán para meternos por los desfiladeros de Uadras.

Veo admirablemente a mi derecha la cordillera del Hauz y Anyera, nidos de enemigo. A mi izquierda el formidable macizo de Gorgues dominando a Tetuán, regado de sangre por las columnas que se replegaron de Xauen... Al macizo le han salido como unos colmillos apretados y enormes. Son los infinitos puestos y blocaos que han establecido nuestras tropas para impedir el paso del enemigo. En esos colmillos, a mil y pico de metros, entre nubes muchos días, viven nuestros soldados, vigilando siempre. Detrás del macizo Beni-Hassan, las rutas de Xauen, que volvió al misterio entre sus montañas nevadas...

Sobre el Fondak el vendaval es tan fuerte que hay momentos en que creo que apenas avanza el aparato. El meneo es terrible. Y para mí, no muy acostumbrado aún a la navegación aérea, esta lucha entre el ave mecánica y la naturaleza brava tiene una fuerte emoción... Pero la faz tranquila de Aguilera, atento a los mandos, a las brújulas y manómetros del aparato, me confortan y sigo admirando el panorama que las montañas ofrecen a mis pies.

Cruzamos a ratos entre las dos líneas de puestos que señalan a la derecha e izquierda del camino Fondak-Regaia, la estrecha cinta de terreno a que nos hemos reducido... Son como dos largos rosarios tendidos a uno y otro lado del camino sobre las cudias y alturas que pueden vigilar los barrancos y los pasos difíciles.

Comprendo ahora bien el sacrificio diario de nuestros aviadores durante el levantamiento de nuestra zona para meter en estos puestos, dentro de su reducida área, un puñado de víveres. Y dedico un recuerdo íntimo y sentido a los que cayeron gloriosamente, víctimas de la guerra y del progreso en estas montañas que va haciendo más tenebrosas el crepúsculo...

Hay momentos en que por abreviar cruzamos por encima de la zona rebelde. De los aduares vemos salir moros que se dedican a las faenas del campo. Como de día son vigilados por los aeroplanos y sufren el fuego de las posiciones los que se ponen al alcance de ellos, trabajan de noche. Y de noche también se reúnen para cambiar impresiones o a tramar la guerra... El ruido del motor aleja a muchos, que van a perderse en las resquebrajaduras del terreno, temiendo un bombardeo.

Cuando abandonamos el nudo montañoso y saltamos al terreno franco de la Garbia para ganar la playa del Atlántico, encontramos más despejada la atmósfera. Sobre el mar enfila Aguilera el aparato, y así pasamos por encima de Arcila. Audazmente metido en el agua, se ve el palacio del Raisuni... E instintivamente, la silueta del viejo cherif—ya muerto en poder de Abd-el-Krim y tan ligado a la historia de estas tierras que cruzo en un vuelo—viene a mi mente... En este palacete hacía justicia el Señor de la montaña antes de su huida de águila a las cumbres... ¡Cuántos condenados por esa justicia cayeron por estas murallas al mar, que se nos ofrece esta tarde con una transparencia maravillosa!...

Larache, al fin, con sus dos castillos portugueses, sus calles nuevas y la aguja de la torre de la Comandancia general, graciosa y esbelta, sobre el caserío abigarrado de la morería.

Cuando salto a tierra doy un abrazo a Aguilera, entusiasmado del viaje—muy difícil por el tiempo—que hemos realizado tan felizmente y que me permite adentrarme seguidamente, sin perder tiempo, en la zona francesa.

LAS DOS ZONAS. —LA GUERRA EN SOMBRAS...

El salto de nuestra zona a la francesa ofrece un brusco cambio de decoración. En nuestra zona se experimenta una gran sensación de fuerza: blocaos en espesa red se extienden al hilo de las carreteras, casi encima de éstas, desde el emplazamiento de la línea del general Primo de Rivera, que creyó prudente salirse de las montañas; soldados, bayonetas, carros blindados... Y el ánimo se constriñe como bajo una amenaza, esperando siempre que de cualquier barranco, de cualquier pico, de entre la gaba espesa que crece en el terreno inculto surja la agresión... Montañas rocosas, terreno baldío y pobre...

Pasamos Arbaua, la frontera, y la decoración cambia por completo. Vienen las llanuras inmensas, labradas, en plena explotación, cruzadas por carreteras amplias y líneas férreas. Trenes de trilla, autos circulando a todas horas, ni un soldado... Parece que estamos en otro territorio. Y sin embargo, no nos separan tantos kilómetros. Es el terreno que manda, el terreno-señor, como máxima fuerza. En la zona nuestra, riscos, cobijos de fieras, gente nómada con poco apego a la tierra, que no produce, y que con más facilidad se inclina a hacer la guerra, el deporte favorito del montañés. En la zona francesa, la tierra bien labrada, produciendo una verdadera riqueza, ata a los moros, los liga a ella y les hace amantes de la paz y del trabajo...

Sin embargo, un kilómetro de carretera española, aunque malo, ha costado más que dinero—tres veces más caro que el francés—: ha costado el sacrificio de muchos soldados. La tierra de nuestras carreteras debería ser roja... En la zona francesa estos millares de kilómetros de carretera, pagados en francos, no costaron tales sacrificios, porque la guerra no se ha tenido en la zona útil. La guerra no la han tenido los franceses hasta que se han puesto en contacto directo con las fronteras de la endiablada zona, que tratados infortunados—testimonio de la ceguera de nuestros políticos—concedieron a España. Toda la zona española está presa entre un terrible sistema montañoso, donde la rebeldía y la traición tienen su mejor albergue. La limita con la zona francesa un formidable contrafuerte que empieza en Ahl Xeriff, remonta el Luccus, va a buscar el Uarga y salta al Rif por Metalza... Luego, tras este contrafuerte, viene la zona francesa, que en cuanto pierde unos kilómetros cuadrados de las vertientes montañosas, tiene miles de kilómetros cuadrados de tierra rica, donde han podido formar grandes centros agrícolas, bellas ciudades, restos de un gran imperio floreciente, donde viven las más ricas y poderosas familias marroquíes : Fez, Maraquech, Rabat...Ciudades y regiones muy dominadas por el Majzén y sumisas a los sultanes, que costó a los franceses poco esfuerzo incorporar a su gran organización protectora.

Todo les permitió dedicar su gran capacidad colonizadora a la propulsión y aumento de los valores de su zona. Incluso durante los años en que los españoles sosteníamos más cruentas luchas con rifeños y yebalas. Mientras nosotros prisioneros del terreno, lo dábamos todo para la guerra, ellos pudieron gastarlo todo en la paz. Así han florecido estas ciudades y estos campos del Marruecos francés, mientras entre nuestros riscos abrían al sol sus rojas corolas las amapolas del sacrificio...

* * *

...Cruzo estos campos desde la frontera de Arbaua a Casablanca y Fez, deslizándose raudo por la bien conservada carretera, mientras el panorama se sucede monótono., con la monotonía de la llanura inmensa....un sol fuerte, de mayo, cae sobre la tierra, resecándola. Algún pastor moro guarda su ganado, apuntalándose en su palo, y se queda contemplando impasible largo rato la prisa inexplicable de los europeos que cruzamos velozmente ¡para qué tanta prisa! El tiempo tiene para el moro, y en general para la gente del campo otro valor muy distinto. En las cabilas el tiempo se ha detenido, atrofiado también como la cultura...

Cruzamos los caminos de la zona francesa. Y nos extraña no encontrar en ellas el tráfago de tropas que esperábamos...Sabemos que para cubrir las numerosas bajas que la rebelión ha causado en las filas francesas llegan a diario barcos y más barcos con fuerzas y material; que estas tropas son enviadas a la línea de fuego con premura y encuadradas en los grupos móviles que hacen frente a la avalancha enemiga...

Y sin embargo, no vemos a estas tropas de refuerzo por las rutas de la vanguardia y en estos caminos interminables que cruzan el Imperio... ¿Dónde las guarda el Mando francés?...lo averiguamos más tarde. El Mando francés es cauto. No gusta de las estridencias, y procura hacer a la sordina lo que no necesita hacerse a bombo y platillo. Y las tropas son trasladadas en trenes militares, de noche casi siempre, de los puertos al interior para evitar en lo posible a las ciudades y a las cabilas el estrépito de la guerra, y que todo conserve este bello tono apacible de paz y trabajo... Igual se hace con las bajas....son muchas las que desde los primeros momentos han causado a las tropas francesas las hordas enemigas. Varios millares suman ya a los tres meses de lucha; en su mayoría de tropas del Senegal y voluntarios... Y las evacuaciones se hacen en silencio a las horas discretas del anochecido sobre los hospitales de Fez, Mequinez, Rabat y Kenitra, que rápidamente van llenándose, acogiendo todo el dolor de la guerra. Los aviones sanitarios recogen en las vanguardias a los más graves cuando es posible y los trasladan a los hospitales... Pero todo esto se hace sin ruido, sin exhibición. Los entierros igualmente carecen de toda teatralidad emocional para adquirir un solemne silencio de rito piadoso, sin más cortejo que el indispensable....

El Mando francés se esfuerza en quitar a estas ciudades toda sensación de guerra, al menos a las ciudades de la costa atlántica, llenas estos días de negociantes y logreros que saben ya que la guerra con su boca insaciable acrece la bolsa y es buena fuente de ingresos....Las tropas lo consumen todo. Lo principal es llevárselo a las vanguardias. Sobran negociantes que lo hacen y siguen a las columnas en busca del pingüe negocio.

Unos años de ruda lucha, y si el negocio "se da"...La guerra enriquece a muchos. Mueren muchos también, pero sobre los muertos viven los demás. Es la ley del mundo...

Me dicen que llegan a diario de Argelia y de Marsella tropas y más tropas. Lo compruebo más tarde en Casablanca, donde el registro de barcos acusa arribo constante de nuevos refuerzos. Pero ahora estos caminos dan una gran sensación de paz, cruzando las grandes llanuras labrantías. La guerra está lejos, en la montaña que se une a la zona de los sacrificios: a la zona española... Y los trenes de tropas que van al frente y los que traen de allá a los heridos, se cruzan de noche en las sombras, como si el Mando francés quisiera poner sobre ellos el velo piadoso de la noche....

CAUSAS DEL LEVANTAMIENTO.
—LOS PRIMEROS CHISPAZOS.
—"EN TODAS PARTES..."

Una de mis principales preocupaciones al entrar en la zona francesa es averiguar las causas que determinaron el cambio de actitud del Abd-el-Krim colocándose frente a Francia. Existía la creencia de que los propósitos de Abd-el Krim eran mantenerse en buenas relaciones con los franceses, esto es, no atacarles para no provocar una ofensiva que hubiese comprometido la relativa tranquilidad del Rif, turbada de vez en vez por las incursiones de nuestros aeroplanos y la vigilancia costera de nuestra Marina de guerra.

Sabíamos que, en un tiempo, los rifeños se aprovisionaban por Taurit de cuantos elementos de guerra y boca necesitaban, pues en Argelia lo adquirían sin que nadie les molestase grandemente.

Sabíamos que en Hussen-Dey (Argelia) compró Abd-el-Krim tranquilamente un aeroplano que lo llevó a Acudir el aviador monsieur Perié y que más tarde inutilizaron nuestros aviadores militares... Sabíamos también que el propio Fez vinieron en varias ocasiones agentes de Abd-el-Krim; que su hermano político Si Mohamed Ben Hamed Buyiba llevó una carta para el mismo Sultán Muley Yussef concebida en términos cordialísimos, exaltando y ponderando la fe de los rifenos "para luchar contra el enemigo español". La carta terminaba, por cierto, deseando muchas prosperidades al Sultán y a sus colaboradores... El cambio de táctica de los rifenos no tenía más remedio que sorprendernos y obedecer a causas importantes. Y yo me dispongo a escuchar opiniones y atar cabos para formar más tarde mi composición de lugar...

Escucho primero a algunos confidentes moros que tratan de explicarme, a su modo, el movimiento. Me dicen que estaba preparado este ataque contra la zona española. El Jeriro mismo fue a situarse en Beni-Hassan, sobre la antigua pista a Xauen. Pero los franceses, que tenían noticias de la actividad rifeña, empezaron a prevenirse para cualquier evento. Acumularon grandes elementos en la línea del Uarga. Los aviones iniciaron intensos reconocimientos sobre los límites. Entonces las cabilas allí enclavadas, que estaban muy descontentas, desde el avance sobre Beni-Zerual el año anterior, por los procedimientos franceses, temieron un nuevo avance de las tropas francesas y acudieron a Abd-el-Krim pidiéndole apoyo y ofreciéndole a cambio sumisión y acatamiento. El momento era precioso para el jefecillo beniurriaguel, gran oportunista. Una región rica y fuerte se le sometía sin desgaste alguno para él. Y acudió rápidamente en auxilio de aquellas cabilas, donde ya elementos a él afines venían haciendo intensa propaganda para oponerse al supuesto avance francés.

Había además descontento—según otros confidentes—por la violencia de los métodos franceses. El fuerte sistema tributario, la dureza al tratar a los indígenas y especialmente los castigos que imponían, fueron determinando en muchos un estado de disgusto propicio a la rebelión. Un cherif fue golpeado con una zapatilla por el oficial de un *bureau de reinsegnement,* y la noticia había causado la general indignación. Trece caídes de cabila, a quienes se les suponía en correspondencia con Abd-el-Krim, habían sido fusilados...

Por otra parte, en una junta celebrada en Axdir los caídes que más presión ejercen sobre Abd-el-Krim—que son los de las cabilas rifeñas—le hicieron saber su descontento por suponerle de acuerdo con los franceses. "Para nosotros—dijéronle—todo cristiano es enemigo, y si sigues por ese camino no te respondemos de lo que pueda pasar en el Rif, pues la situación es delicada y no se harían esperar serios disturbios."

Abd-el-Krim tuvo que buscar una respuesta airosa para la actitud decidida de sus hombres. Les dijo que desde luego coincidía en estimar tan enemigos a unos como a otros; pero que provocar una lucha simultánea con los dos ejércitos europeos sería exponerse a una catástrofe...

Y en resumen: que habiendo avisado la gente de Beni-Zerual del avance francés y de que la administración francesa había comprado a las cabilas que acaban de ocupar el grano que aun estaba sembrado, organizó un ataque, enviando dos mehalas compuestas de unos cuatro mil hombres, que se dirigieron hacia Telata de Beni-Ulid, Kifan y Mziat, donde causaron grandes daños, quemando y arrasando todo el grano que ya había pagado la administración francesa y causando a ésta una seria pérdida de varios millones de francos.

Abd-el-Krim prestó así una decidida ayuda a los Beni-Zerual para defenderles de la invasión francesa; castigó a las cabilas que se habían sometido al contrario, y de paso dio a los descontentos una prueba de estar dispuesto a escuchar el consejo y los deseos de los rifeños de combatir a los cristianos. Y estalló la guerra...

Beni-Zerual fue invadido por los rifenos, que de momento, para mejor preparar el golpe, buscaron no establecer contacto con los puestos franceses, cortando a éstos las comunicaciones. Seguidamente se aprestaron a organizar militarmente las regiones invadidas, mientras partidas aisladas hicieron incursiones en terreno sometido a las autoridades francesas, intensificando la propaganda a favor de Abd-el-Krim y atacando a los que no se mostraban muy decididos a secundar el movimiento; métodos que días después se acentuaban, dando vanos golpes serios y poniendo cerco a algunas posiciones. Una noche un grupo de rifeños penetraba en la casa del caid de Beni-Urriaguel (otro Beni-Urriaguel existente al sur de Beni-Zerual), y con las armas le obligaron a secundarles. Igual procedimiento seguían con otras fracciones de Beni-Zerual, donde varias familias eran asesinadas.

Cabilas enclavadas en segunda línea quedaban también con esta situación expuestas a los manejos y los desmanes de los rifeños.

Una hoguera inmensa se levantó en la región del Uarga, y ella fue el clarín más sonoro de la guerra.

La situación de las tropas francesas fue gravísima. Aislados los puestos en la misma forma que hicieron en otros tiempos en la zona española, el Mando francés carecía de elementos para el socorro de aquéllos. Unidades y pequeñas columnas que se encontraban en distintos puntos del frente o en tránsito por éste fueron atacadas con ímpetu.

Los pontoneros que tendían un puente sobre el Uarga tuvieron que abandonar su obra y defenderse a la bayoneta. Los puentes fueron destruidos. Un batallón colonial fue sorprendido a la altura de Sidi-Mesaud, y rodeado por los rifenos sostuvo una lucha de muerte... Para socorrerlo y decidir la lucha, el aviador Merzegues, "as" de la guerra, bajó a escasa altura a ametrallar al enemigo y fue derribado...

El oficial de la oficina de información de Ain Mediuna, que en vez de vivir en la posición vivía con una rifeña en el poblado, amanecía una mañana degollado por la mora y la posición sitiada por los rifeños...

La situación se agravaba por momentos. Confiados por el estado de tranquilidad de que gozaba en su zona hasta ocurrir los sucesos, los franceses habían debilitado sus efectivos. No había elementos suficientes, como ya digo, para hacer frente a tan gravísima situación. A las pocas tropas de que disponía el general Colombat en su frente llegó a presentársele el dilema de replegarse sobre Fez para defender la ciudad de los "tolbas" o intentar atajar al enemigo en las rutas de Fez, haciendo un supremo esfuerzo. Consigue sus propósitos el veterano general, quien sostiene durísimos encuentros con las harcas. De uno y otro bando las bajas son numerosas...Mientras tanto, varios puestos asediados resisten admirablemente, llegándose en algunos al heroísmo. Sufren muchas guarniciones intenso fuego de cañón con los horrores de la sed y el hambre. La aviación hace esfuerzos inauditos por aprovisionar de hielo a los más comprometidos. En una posición llegan a comerse dos borricos de que disponían para hacer el transporte, antes de morir de hambre.

Y las llamas de la rebelión querían devorar en pocos días toda la zona norte del Marruecos francés.

* * *

Un periódico republicano de Casablanca, *Le Cri Marocaine*, que llegó a mis manos al ocurrir los sucesos, explica y comenta de manera muy interesante sus causas.

Dice que el Mando francés no ha querido dar a Abd-el-Krim la importancia que se ha ganado, olvidando las grandes disposiciones del general Beugeaud, formadas al contacto de aquel gran soldado con las tribus. "Han establecido una línea de puestos, como si las paredes pudieran luchar con un invasor ensoberbecido por sus victorias e instigado por elementos antifranceses." Ataca la política seguida desde Rabat por el Alto Mando francés, y dice que se ha dejado a los rifeños ganar la cabila de Beni-Zerual sin hacer nada enérgico para impedirlo. "Cuando los rifeños no tenían nada que coger en la zona española y el hambre se dejó sentir en el Rif, volvieron sus ojos sobre Beni-Zerual, empezando una intensa acción infiltrarte en pleno Marruecos francés por medio de una harca bien a la moderna." "Las oficinas francesas de información—continúa *Le Cri Marocaine*—no vieron nada. Sin embargo, los oficiales encargados de ellas dicen ahora que fue el mando el que no los escuchó. Pero los hechos están ahí, con un carácter suficientemente grave para que la Francia les ponga atención".

"Nuestros puestos han sido cercados por unos moros que venían en nombre de la libertad pregonando la guerra santa, pero que no respetaron las zauias, que fueron quemadas y destruidas. Todas las tribus de la derecha del Uarga, los slés, los hayaina, sometidas hace ocho años, han sido deshechas. Y es que la línea del Uarga estaba mal concebida desde el punto de vista militar y político. El enemigo sabía lo que había detrás de nuestras líneas, mientras nosotros lo ignorábamos. Afortunadamente, la marcha enemiga fue detenida a 30 kilómetros de Fez.»

"Desde 1912 se ha hecho gran contrabando de armas; pero la Residencia francesa nunca quiso darle el golpe de gracia. Y sería prudente, por tanto, no repetir mucho que todo iba bien en la zona francesa. Por un afán de publicidad malsana—dice el periódico francés—, los que están en el mando han querido guardar a todo trance los errores y hacer creer al Gobierno que ellos lo eran todo. Lo que está ocurriendo ahora nos da la razón a los que no cesamos de prevenir cuando aún era tiempo.

"Nuestro armamento ha reventado; pero la primera preocupación de la Residencia ha sido guardar todo en secreto, como niños que después de romper un juguete se hacen los dormidos, creyendo que con su cara de sueño engañan a sus parientes. Han impedido a los periodistas acudir donde el deber les llamaba, porque no querían que contemplásemos en todo su horror lo que estaba pasando. Se han esforzado en tapar la boca a los periodistas y nos quieren tapar los ojos para que no se vean los defectos del sistema. Pero tenemos enfrente a veinte mil rifeños con artillería y ametralladoras, maniobrando a la europea y en territorio de nuestras tribus: ésta es la verdad...

"Y al lado de la tragedia que empezó cuando los rifeños quitaron a los pontoneros franceses y destruyeron los puentes del Uarga, hay que hablar, para elogiarlos, de los moros partidarios, que, mandados por el capitán Moujoud, recogieron los restos de un batallón colonial sorprendido en un desfiladero por los rífenos; de los senegaleses, que en los puestos de primera línea resisten largos asedios, careciendo muchos días de agua, hasta caer en poder de las gentes de Abd-el-Krim, que les atacó con granadas de mano y se apoderó de ellos haciendo una mina por debajo de la posición; de jefes como Colombat y Freyndemberg, que reciben las balas en sus quepis, y de Cambay, que cae sobre los rífenos armados de ametralladoras, rechazándolos después de un violento encuentro a la bayoneta.

"La situación ha sido más grave de lo que el público ha supuesto, y esperamos que la lección del Uarga dé buen fruto, haciendo al Gobierno francés sacudir la torpeza y poner más atención, no dejándose engañar."

Los juicios de este periódico francés analizando los sucesos causaron en toda la zona francesa la impresión que es de suponer.

Yo no tuve otro comentario que éste:

"En todas partes cuecen habas...» Y aquí los métodos tienen sus defectos, como en todas partes. El arma de penetración y pacificación en Marruecos es de dos filos. Hay que poner, por tanto, en los métodos un estudio especial, y con las enseñanzas del tiempo y los resultados que se van obteniendo hacer las correcciones necesarias en el sistema, bien imprimiéndole una mayor energía, bien dulcificando los métodos, aunque nunca degenerando en una blandura que pueda tomarse por debilidad e impotencia.

IMPRESIONES DE FEZ.
—EL FANTASMA DE BIBANE.
—"COCOTS" Y "JAZZ BAND"

De Rabat a Fez hay cerca de doscientos kilómetros de carretera amplia, sólida, alquitranada en varios trechos, por la que se pueden lanzar los autos a su máxima velocidad. Apenas tiene el camino algunas ondulaciones.

Detrás de las fuerzas de ocupación, Francia llevaba a los ingenieros. A la ocupación de Fez, la más hermosa población del Imperio, y de estas ciudades amuralladas para prevenirlas no sólo de las invasiones europeas, sino de los agitadores del país, no podía seguir más que la acción máxima del progreso para prender en las redes de la comodidad y el confort a los naturales, retrasados varios siglos en su cultura.

Fracasaron los pesimistas de otros tiempos al enjuiciar sobre la ocupación del Imperio. El año 1907, a raíz de los sucesos de Casablanca, creía imposible Luis Morote que los cristianos pudiesen entronizarse en Fez, Mequinez, Marrakech, etc., ni tender unos rieles en el campo. Unos años después, nada casi, todas estas ciudades quedaban agrilladas por el progreso. Los mismos sultanes no fueron sino unas víctimas de éste.

El golpe más eficaz que puede darse a estos países que vivieron muchos siglos retrasados es la acción prudente, pero rápida, de elementos modernos: dotarles de comodidad, hacerles sentirse realmente protegidos; pero protegidos sin oprobio ni esclavitud, democráticamente protegidos, con un gran respeto a sus costumbres y a sus instituciones. ¿Se ha hecho todo esto en la zona francesa?...

Si ojeamos lo hecho por Francia en su zona desde el año 1911 acá veremos la avalancha del progreso inundar estos campos de caminos y de medios modernos para sacar al suelo su mayor rendimiento; y las ciudades, de construcciones modernas, que conservan, dentro de su estilo especial, una grata línea morisca. Igualmente ha inundado estas ciudades y estos campos una copiosa organización burocrática.

Las pomposas dependencias oficiales de Casablanca y Rabat, los Palacios de Justicia, Casas de Correos y Telégrafos, Bolsa de Comercio, Control civil, Residencias militares y majzenianas, etc., ofrecen al viajero, a simple vista, una grandiosa—a veces acaso excesiva—organización de protectorado.

Claro está que comparando lo hecho aquí con nuestro modestísimo—aunque no barato— protectorado, la impresión que se saca es que aquí se ha ido muy de prisa. El contraste está, sin duda, en lo despacio que hemos ido nosotros. Acaso todo el éxito de la obra de colonización francesa no es otro que haber llevado detrás de la ocupación militar a sus ingenieros y a sus agricultores.

Yo cruzo los doscientos kilómetros que hay entre Rabat y Fez. Pasadas las altas grabas de la Mamora, donde existen grandes aprovechamientos forestales y se hacen enormes recolecciones de corcho, empiezan las zonas agrícolas de Kchemisset y Zemour, hasta perderse en el horizonte. Una cosecha abundante, no obstante la sequía del año, se ofrece como garantía de la paz y a los habitantes como una riqueza extraordinaria.

A no ser por los aviones que veo cruzar y volver de las montañas, que ya se desdibujan al norte de Fez, diríase que aquí parece imposible la guerra. No hay duda: el éxito de Francia como colonizadora ha sido su rapidez en prender toda su zona con una cómoda y enorme red de comunicaciones. Aquí hay cientos y cientos de kilómetros de carretera ancha, perfectamente conservada. Con dolor pensamos los años que llevamos nosotros sin una completa y buena carretera entre Tetuán-Tánger (puente) - Larache-Alcázar, que no llega en total a los doscientos kilómetros. De agricultura y colonización no queremos hablar. Los frutos no podían ser otros...

Observo la montaña, a la izquierda del camino de Fez. La guerra fomentada por los agitadores se incuba en ella. La montaña y el llano se odian. El mejor testimonio de ello son estas grandes murallas que defendían a la ciudad de las dentelladas de los montañeses, aquí donde siempre reinó la anarquía. Hoy las fuerzas europeas, cada una en su zona, se esfuerzan por encerrar la guerra en la montaña.

De ésta, prudentemente, tuvimos que retirarnos nosotros... Mantenernos en ella—aunque ya estamos de acuerdo en que apenas nos fueron cedidos más que riscos en nuestra zona—nos costó una lenta y cara hemorragia. La montaña ha vuelto a ser en nuestra zona campo de guerras y rebeldías. Por ahora, si no tenemos nuevas ambiciones, el éxito nuestro será contenerla, fusil al hombro, hasta los límites en que nos hemos establecido.

A los franceses se les ha venido la avalancha por las montañas del Rif, por esta región central donde tenemos Francia y España un enemigo de cuidado que se incrementó y envalentonó gracias al divorcio de las dos naciones que habían echado sobre sí el peso de pacificar un país, incorporándolo al ritmo de los pueblos civilizados...

* * *

Entro en Fez. Y observo: tres grandes núcleos perfectamente separados ofrece la ciudad: la villa nueva o barrio europeo, construido por los franceses, bastante alejado de Fez; El Mellah o judería, la gran arteria comercial de Fez, en manos de los judíos, y la Medina, el pueblo moro, señorial y típico a la vez, guardado por altivas murallas.

Algunas horas he dedicado a recorrer la Mediuna, aventurándome solo por sus calles.

Tiene sus encantos esto de perderse por los laberínticos barrios moros de las ciudades de Marruecos, sobre todo si poseen los atractivos de esta enorme arteria de Fez, con sus mil tiendas encajadas en alto, estrechas, abarrotadas, donde los comerciantes indígenas ofrecen telas, tapicerías, preciosos objetos de piel y artículos de uso común en el país. Cada esquina ofrece una sorpresa. Ya es la airosa entrada de una mezquita con sus preciosos alicatados y sus tipos moros, propicios a la observación y al estudio; ya es una calle estrecha, silenciosa, umbrosa, bajo cuyos arcos se recorta una grácil silueta de mujer mora, dejando ver tan sólo unos ojos bonitos; o bien la greguería de una "medersa", donde la chiquillería repite a voz en grito versículos del Corán; o un taller árabe de marquetería y cincelado, donde se fabrican pebeteros, tetera, bandejas, etc., que más tarde se ofrecen al turista.

Cansado de ambular por el gran barrio, he entrado en un cafetín. El sitio y el aromoso te que se sirve en estos centros morunos atraen siempre al turista. Además, no deja de tener su interés en tales momentos escuchar al moro y oír sus comentarios, que en algunos casos son de una ingenuidad infantil.

Por algunos de estos moros—traficantes que van y vienen del interior—puedo enterarme, por ejemplo, de nuevos golpes que a fines de abril daban los rifeños en la zona francesa. El 26 de dicho mes, un núcleo numeroso atacaba el puesto de Aulef (al norte de Klá de Slés) con fuego de cañón y causaba a las tropas francesas más de setenta bajas, entre ellas un capitán y cuatro oficiales muertos. Días después, un convoy moro de trescientas cargas era sorprendido por los rifeños, quienes se apoderaron de las cargas, dejando a los conductores árabes en libertad.

Igualmente me entero de que varias tribus del Uarga, que parecían muy afectas a Francia, al producirse los primeros chispazos acudieron a los franceses pidiéndoles armamento para defenderse de la avalancha rifeña. Los franceses les proporcionaron armas abundantes, y a poco los cabileños hacían causa común con las gentes de Abd-el-Krim, trayendo en jaque a los diez y seis mil hombres de que disponía Francia entonces en el frente de Uazan al Uarga.

Hablan de un duro combate que acaban de sostener las fuerzas del coronel Freyndemberg con más de mil quinientos yebalas y rifeños atrincherados en el Jemis de Beni-Hamed, y las intentonas rifeñas en Aulef-Amran, donde lograron infiltrarse.

Sigo atentamente la conversación de estos moros, que procuran hablar en voz muy baja, pues las autoridades francesas han dado órdenes severísimas para impedir la propalación de las noticias del frente.

Hoy los moros estaban acostumbrados, en parte, a que fuésemos nosotros quienes sostuviéramos luchas adversas con los rifeños. Ahora ven que no. Los franceses venían ocupando una inmensa zona llana, donde la paz estaba asegurada, sobre todo con el fomento de la riqueza del suelo. En la montaña, ya es otro cantar. Lo empiezan a tocar de cerca en las regiones montañosas de Uazan, el Uarga y Taza.

Desde el pasado año la situación de nuestros vecinos en sus frentes avanzados no es muy favorable. Sufrieron varios reveses, que este año se han reproducido con más intensidad, por las causas que ya conocemos.

Los moros se dan cuenta de todo esto y lo comentan, no obstante las severas medidas de las autoridades para imponer silencio.

Elijo en Fez la *brasserie* del Maroc Hotel como punto de observación. Es restaurante, café cantante y *dancing*, en una pieza. Centro de reunión del elemento militar de Fez, abundan las *cocots*. Estamos en los primeros días de mayo y hace un calor sofocante.

Los militares llegan de los campamentos con caras de malhumor, fatigados, empolvados, sudorosos. Los aviadores, héroes de estos días, no ocultan igualmente en su presentación el trabajo rudo que vienen realizando, convoyando posiciones sitiadas y apoyando las columnas. Del campo han llegado al hospital varios camiones-ambulancias con muertos y heridos; entre éstos, tres caídes importantes de la cabila de Hayaina. Diariamente hay evacuación de heridos a los hospitales de Mequinez, donde se acumularon elementos modernos para operar.

No se habla en el café de las operaciones, En esto hay un gran contraste con nuestra costumbre de charlar y comentar las operaciones a voz en grito en los sitios públicos, haya o no moros delante... Sin embargo, puedo obtener algunos datos, con gran reserva, sobre la primera operación que realizan las tropas del general Colombat para desalojar el macizo de Bibane, que lograron hacer suyo los rifenos.

Este macizo, de unos ochocientos metros de altura, lo utilizaron los rifenos como estupendo observatorio, dominando la cabila de Beni-Zerual, y en él se habían hecho fuertes, oponiendo durante varios días sería resistencia al avance francés.

La operación fue realizada por tres columnas, a las órdenes del general Chambrun. Las de Colombat y Freyndemberg han operado de Este a Oeste, iniciando sus movimientos a primera hora de la mañana. La del general Colombat llevaba numerosa artillería, entre la cual figuraban piezas de gran calibre. Cubrían el flanco derecho fuerzas de caballería y harqueños adictos. En el ala izquierda del extenso frente de operaciones la aviación, a las órdenes del general Amengoud, mantenía un estrecho contacto con la infantería.

En la llanura, antes de dar el asalto al macizo y desalojar de enemigo sus estribaciones y alturas, las tropas francesas sufrieron varios ataques de los contrarios, rechazándoles y asaltando a su paso el poblado de Azdur, que fue pasado a la bayoneta.

Una amplia preparación de artillería y aviación, y las fuerzas se lanzaban a ocupar el Bibane, logrando hacia mediodía que el enemigo se retirase hacia el Norte por el valle del Anoseur y el Amouda, perseguidos por las bombas de la aviación.

La columna de Colombat prosiguió su ofensiva, descongestionando el frente de varias posiciones, y por su parte, el grupo Freyndemberg, en su marcha hacia el Oeste, consiguió levantar el cerco que desde los primeros días sufrían los puestos de Amberg y Talerza.

La jornada fue dura, con pérdidas por ambas partes, cuyo número se desconoce.

Los combatientes vienen fatigados al café,

Al atardecer, la *brasserie*, llena de militares que se divierten, presenta un aspecto animadísimo. Las *chanteuses* enseñan las piernas en un pequeño escenario mientras entonan tonadillas frívolas o picantes... Y por los cristales del café veo los ojos encandilados—de asombro o de lujuria—de los moros, que desde la calle se asoman a la civilización, que simboliza el *jazz band* de la orquesta entre alaridos y golpes de *claxon*...

VISITANDO EL FRENTE.
—EL NIDO DE LA REBELIÓN.
—LOS DIFÍCILES MOMENTOS DEL LEVANTAMIENTO

Recién llegado a Fez, y vencidas muchas dificultades que encontré para cumplir mis obligaciones periodísticas, puedo salir al frente. La primera visita es a Fez-el-Bali—campamento muy importante de la región norte de Fez—, y tiene entre otros atractivos el de la emoción. Ha sido este alto monte de Bibane, que se alza frente a nosotros rápido en la llanura derecha del Uarga, teatro de muy terribles luchas, donde las tropas francesas han sido sometidas a durísima prueba por un enemigo enardecido y fanático.

Turba el silencio majestuoso de este escenario bravo el eco próximo de la artillería y del fuego de fusil. La lucha se ha generalizado en todo el frente. Nadie sabe cuándo tendrá su epílogo y dejará el piorno de uno y otro lado de cortar vidas que no pertenecen a los hombres... Nadie sabe cuándo se extinguirá para siempre este odio anticristiano fomentado por los cabecillas para colmar sus ambiciones. La guerra santa es una bandera en torno a la cual formarán siempre los fanáticos. Morir por la fe es el supremo goce de los que se consideran verdaderos creyentes musulmanes. Tienen la firme convicción de que ha de vencer la ley de Mahoma, que es para ellos la más fuerte poderosa, la que ha de salvarles de todo mal, do todos los desfallecimientos del espíritu... Y en la exaltación fanática de los días de predicación guerrera, cuando bajo este sol inflexible acuden al combate contra el cristiano, pierden estas gentes todo sentimiento humano para convertirse en fieras... La lucha no es de ahora, es de siglos, que aún han de prolongarse, porque el espíritu del mahometismo es así, guerrero por la fe, exaltado, fiero, violento, terrible...

De las montañas próximas nos viene el eco de la lucha, que no cesa, como una afirmación constante de la invencible pujanza árabe. Europeos frente a la barbarie rifeña, en este escenario de lucha y de muerte, frente a apiñados aduares de donde huyeron parte de los moradores para unirse a la guerra, nos hacemos la misma pregunta: ¿Cuándo acabará esta guerra, que tantos sacrificios impone a dos naciones europeas?...

* * *

Tenemos frente a nosotros la cabila de Beni-Zerual, nido de la rebelión...

Rico granero en las riberas del Uarga, en él había puesto sus ojos Abd-el-Krim hacía tiempo. El aspecto de la cabila es pintoresco. La forman cinco tribus: los ueldkasen, bubane, benibrahim, benimelud y benimeka.

Unas mil casas tendrá, aproximadamente, cada fracción, y el total de la cabila antes de los sucesos sumaría uno 25.000 habitantes.

De las montañas rifeñas vienen al Uarga arroyos numerosos, cuyas corrientes hacen una a modo de división que limita las tribus de la cabila. Estos ríos, en la invernada, sufren súbitas crecidas, pues en las altas montañas a cuyo pie serpean—el Yebel Ukta tendrá una cota aproximada de 1.500 metros—se suceden fuertes deshielos de la nieve que corona las alturas.

El proceso de la formación política de esta cabila es muy interesante. Los benizerual pertenecen al grupo bereber de Gomara. La proximidad de esta cabila a Fez y sus relaciones con los pobladores de esta ciudad desde la invasión musulmana motivaron la arabización de sus tribus, que al tener lugar aquélla quedaron convertidas al islamismo. Los benizerual mantuviéronse durante mucho tiempo rebeldes a toda obediencia. Sin embargo, en 1668 el Sultán Fila-li Er Rechid logra rendirlos. Más tarde, los chorfas Darkauas consiguen extender su influencia religiosa entre 1732 y 1822 y pueden ir modificando la psicología de la cabila.

Y finalmente, casi todo Beni-Zerual reconoce y acata a Muley Hassan—el más prestigioso Sultán que tuvo el Imperio—y al caid que este Sultán les impuso. Tal llegó a ser su afecto al Majzén, que cuando el famoso cabecilla El Roghí Bu-Hamara se presentó en la región para guerrear contra el Sultán, fue rechazado y arrojado del territorio.

Entronizada Francia en Fez, los franceses tienen especial cuidado en procurar ganarse adeptos en la cabila, que en parte mostráronse dispuestos a entablar relaciones. En el otoño de 1915 algunas fracciones envían a sus notables a parlamentar con los jefes de las oficinas de información de Kalá de Slés, mientras se muestran hostiles a los manejos del cherif Raisuni, que—en decadencia ya en la zona española, donde se le perseguía hacia la montaña—quiso penetrar también entre los benizerual. Igual resultado tuvieron las intentonas del Jamlich más tarde.

Cultivando la amistad y buscando la atracción de los benizerual, los franceses preparan en 1915 un acto religioso de gran trascendencia en la "zauia" de Sidi Abderrahaman Darkaua, adonde concurrieron enviados especiales del Sultán Muley Yussef. Entre éstos y los notables de la tribu hubo una provechosa corriente de simpatía, que terminó a fines de 1920 con el envío de una delegación de las tribus a la oficina de Kalá de Slés, para ofrecer la sumisión de aquéllas.

Se producen los sucesos del 21 en nuestra zona, y después de varias intentonas de Abd-el-Malek y el faquir Buluya, van fracasando nuevas gestiones de agitadores a sueldo. Los benizerual van rechazando toda imitación sospechosa. Prefieren la paz dedicados al cultivo de sus tierras y a su intercambio con Fez. Las predicaciones y consejos del cherif Darkaua, y más tarde de su hijo Sidi Mohamed—que dado lo avanzado de la edad de su padre tomó parte en la administración de los benizerual afectos—, lograron prolongar esta favorable situación política.

Pero Abd-el-Krim no abandonaba tan fácilmente su presa; le interesaba demasiado poner bajo su dominio la cabila, verdadero granero de opimos frutos. Y no descuidó un momento su acción de propaganda, mostrando sus éxitos como gloriosas victorias en la lucha por la fe y la independencia. La acción infiltrante de estos agentes fue cada día más intensa y fructífera... Los descontentos se unieron a los propagandistas. El disgusto que provocó en el año 1924 el avance francés sobre una parte de la región fue buena semilla para recoger ahora un fruto maduro.

* * *

En el balcón de Fez-el-Bali, frente al fantástico panorama del Uarga, el coronel Michelin me explica ligeramente el desarrollo de los sucesos. Primeramente la forma en que el grupo del coronel Nougués acudió en socorro del batallón de Combes, cercado totalmente por el enemigo en las pendientes de Yebel Messaud, donde sufrió decorosísimas bajas. Igualmente me explica la marcha sobre Fez-el-Bali y Tafrant. Y finalmente los brillantes asaltos, la lucha épica para coronar el macizo de Bibane, que estaba en poder del enemigo...

Con sencillez, presentando los sucesos en una concatenación racional y sugestiva, el coronel Michelín me va describiendo el desarrollo de la lucha.

La avalancha de la disidencia fue como una inmensa pleamar que ahogara los puestos franceses de todo el frente. Un incendio voraz de rebeldía iluminaba estos montes y llamaba con sus tonos sugestivos a estas gentes a la guerra contra nosotros.

La situación en los últimos días de abril fue trágica, sencillamente. El desastre, inminente. ¿Y qué hacer en momentos tan difíciles? Sólo podía salvar el temible y ruidoso derrumbamiento un cambio inesperado por decisión y fortuna en los movimientos de los escasos elementos de que se disponía. Porque llegó el momento terrible en que se presentaba a las pocas fuerzas que había disponibles para operar estos dos caminos: o abandonar los puestos a su triste suerte y retirarse sobre Fez para defender la ciudad, o hacer cara al enemigo a todo evento, intentando vencerle por la rapidez.

La solución que prevalece es ésta: la de hacer frente a las hordas. Momentos terribles para el Mando, que tiene en sus manos la vida de varios miles de soldados. El general Colombat se decide a maniobrar hasta donde puede, con terribles dificultades por cierto, intentando fijar al enemigo y detenerle en las rutas de Fez. Los movimientos del pequeño grupo de Colombat no se vieron siempre acompañados por la fortuna; pero sus soldados—soldados de todas las razas—dieron el mayor rendimiento que de ellos se podía esperar. Hay que decirlo bien alto: fue esta decisión la que permitió detener la catástrofe, parar a los rebeldes en el camino de Fez y dar tiempo a la llegada de refuerzos.

Aún la vista del coronel Michelín se extiende sobre el campo, reconcentrando su atención como para reconstituir mejor la lucha. Y extiende el brazo para mostrar hacia el Este el macizo de Ouergzagh, una cresta que domina la llanura de Aulay.

Con voz emocionada dice el coronel:

—Ahí estaba enclavado un puesto que sucumbió bajo el peso del enemigo. Cuando pudimos despejarle y arrojar de allí a los rebeldes, estaba vacío. La guarnición, al pie del barranco, estaba horriblemente mutilada. Unos cadáveres habían sido quemados; otros, despedazados en la forma más bárbara y cruel... Digan al mundo civilizado cómo se comportan estas hordas rifeñas, mostrándose más que como seres humanos como bestias feroces...

En los ojos del coronel Michelin tiembla un relámpago de ira, mientras el eco del cañón sigue poblando este bravío escenario, donde aún se pasea el fantasma de la Muerte...

**EL FRACASO DEL SISTEMA DE LOS PEQUEÑOS PUESTOS.
— LOS ASEDIOS DE AULA Y BLOCAO NUMERO 7**

El sistema de pequeños puestos ha fracasado aquí, como fracasó en la zona española.

Estos puestos, que requieren una complicada y a menudo dificilísima organización de aprovisionamiento, desempeñaron sin embargo un gran papel de vigilancia.

Los franceses tenían marcada su línea militar desde Uazan a Kifane—a lo largo del Uarga— con un cordón de puestos no muy espeso. Posiciones grandes con pequeños puestos complementarios sobre las cabilas más importantes o sobre las vías de comunicación con el interior más concurridas, pero sin un verdadero enlace y apoyo entre sí. Esto les hizo más ineficaces, puesto que no pudieron impedir las infiltraciones rifeñas, que minaron cómodamente el terreno, preparándole para la rebelión.

Mientras se tenían relaciones políticas con las cabilas, estos puestos dieron a los franceses —como a nosotros—buen resultado. Pero chupando el país se rebeló y se dispuso a combatirlos, los pequeños puestos confirmaron su ineficacia como instrumento definitivo de ocupación y dominio. Con el sistema de guerra adoptado contra los franceses por los rifenos—que es idéntico al que emplearon en Yebala últimamente—esto es, con el levantamiento de las cabilas la situación de los puestos en ellas enclavados fue dificilísima. Imposible de aprovisionar por los medios normales, los socorros de aviación no hicieron en realidad más que alargar unos días la agonía de los puestos que fatalmente habían de caer.

Lo más penoso y costoso de este sistema de puestos fue desde luego el avituallamiento; sobre todo en terreno montañoso. Para el enemigo es bien fácil preparar un ataque en cualquier accidente del terreno, caer sobre el convoy y apoderarse de él. Tiene infinidad de probabilidades de salir airoso en el empeño sin gran esfuerzo. Los franceses no tenían además bien jalonados, como puedo comprobar, los campamentos y bases de aprovisionamiento, confiados demasiado en la tranquilidad del país y en la amistad que Abd-el-Krim mantuvo con ellos durante toda su campaña contra nosotros.

Para las cabilas fue siempre un huésped molesto la posición dominante sobre ella, y más molesta aún la presencia de los soldados con todas sus consecuencias. Retraído de suyo en la vida del aduar, egoísta, celoso de que miren a sus mujeres, el moro del campo, esto es, el moro con quien hay que luchar para todo, siente antipatía cuando no odio reconcentrado a los soldados que se aproximan a sus aduares, atisban el paso de las moras o causan daños en sus huertas y sembrados... No le es grata tampoco la visión de esos puestos vigilantes que rodeados de espinos y asomando por las troneras las boca-de los cañones pesan sobre la cabila como una amenaza.

Al unirse a la rebeldía en el cerco puesto por esas cabilas a las posiciones, se manifestó cien veces ese odio engendrado durante meses y años...

El puesto de Aulay tenía próximo un aduar, el que, según el capitán Duboin, que lo mandaba, con quien hablé cuando pudo ser evacuado a Fez, sólo había recibido favores de la guarnición. En la posición se curaba a los enfermos sin cobrarles un céntimo... El asedio de Aulay, sin embargo, fue durísimo, unido el aduar a los rifeños. Una buena mañana, cuando todos se dedicaban tranquilamente a sus faenas, sonó un disparo de cañón, que pasó silbando agudamente sobre el puesto. Todos los hombres se aprestaron a la defensa. Igual ocurrió a los blocaos próximos.

Con la idea de aterrorizar a los defensores de Aulay los salvajes llevaron a los alrededores de la posición numerosos cadáveres franceses brutalmente mutilados, situándolos de tal forma, que desde cualquier punto de la posición no podían evadir el doloroso y macabro espectáculo.

Más esto, lejos de atemorizar a la guarnición, la enardecía para la defensa. Afortunadamente, la aviación cooperaba a ello, estableciendo un servicio de aprovisionamiento que en Aulay alivió la carencia de elementos de vida que padecían los blocaos inmediatos.

Pero frente al puesto los rebeldes situaban días después hasta tres bocas de fuego. A unos cien metros del parapeto, aproximadamente, y enfilando uno de los blocaos, emplazaron un mortero cuyos tiros preocuparon más seriamente a la guarnición. Cada disparo solía hacer algunas bajas. Se construyeron trincheras de resguardo, y como toda la actividad había que dedicarla a la defensa, el descanso era imposible. De noche había que estar alertas contra un asalto inminente ya, pues de toda la guarnición sólo quedaban diez y seis hombres útiles. El resto hasta el total de la compañía habían muerto o estaban heridos.

Sólo cuando los aviones llegaban sobre la posición los atacantes desaparecían como por arte de encantamiento.

Al principio los tiros de cañón pasaban sin causar daño. Cuando esto sucedía los soldados senegaleses salían de los escondrijos, y dirigiéndose a los rebeldes les gritaban en son de broma: "¡A la escuela!" El desafío enardecía al enemigo. Una voz en mal francés, con marcado acento alemán, respondía: "Os cogeremos a todos, cobardes." Parecía a los sitiados que el artillero era un desertor de la legión francesa. El dirigía las correcciones del fuego, utilizando un teléfono desde el puesto de observación. Los rifenos, que disponen de una gran cantidad de elementos, habían hecho la instalación con verdadero lujo. El teniente Charbonel fue herido el primer día y muerto después por otro disparo enemigo.

Más tarde—a los veintidós días de cruel asedio—pudo avanzar un grupo móvil que les ayudó a salir de Aulay. El aduar fue destruido.

El asedio del blocao número 7 ofrece iguales características de crueldad, odio y fanatismo.

En el blocao número 7 había destacados un oficial, tres artilleros sirvientes de un cañón y veinte senegaleses. El blocao estaba situado en lo alto de una roca, y para trepar a la pequeña habitación que servía de vivienda, la guarnición utilizaba una escalera que retiraba de noche.

El primer día que atacan el blocao el oficial recibe un balazo en la cabeza, presentándose la gangrena a poco, por no tener medios con que curarle. Dos días más tarde es muerto el sargento, y un soldado toma el mando con entereza. Dirige la defensa y da cuenta por óptica de su situación. "No se le puede socorrer...", dice el Mando...

Quince días transcurren de ininterrumpido ataque, aunque no muy fuerte, porque sabe el enemigo que, agotada la primera provisión de agua, la guarnición se rendirá.

A modo de cebo les enseñaban botijos con agua, gritándoles: ¡Rendíos, que estáis sin agua!" Los del blocao les contestaban a tiros.

Como se prolongaba el asedio y aquellos bravos parecían invencibles, los rebeldes llevan un cañón que, establecido a corta distancia, rompe el fuego sobre blanco fácil y seguro. Entonces se establece un duelo de cañón a corta distancia entre el cañón enemigo y el único que tienen los del blocao.

Pero fatalmente éste se inutiliza a los primeros disparos. Entonces el enemigo redobla el fuego, que va arrancando a pedazos la pequeña posición...

Las municiones se agotan a los bravos defensores. El teniente ha muerto y el blocao agoniza....Y por la noche, utilizando bombas de mano, una masa enemiga cae sobre los restos de la guarnición que muere heroicamente. Dos soldados franceses, antes que caer en manos de las salvajes, se arrojan por las rocas al profundo valle que tenían al pie.

Y aun allí las hordas feroces, como una bandada de grajos humanos, los despedazan horriblemente...

EN EL UARGA, CON LA COLUMNA DEL CORONEL FREYNDEMBERG.
— EPISODIOS DEL LEVANTAMIENTO Y RASGOS DE LA LUCHA

Algunos días después de mi llegada a Fez consigo nuevamente permiso para ir otra vez al frente y unirme al grupo móvil del coronel Freyndemberg, que es el que más duramente combate en el frente Norte.

Son las siete de la mañana cuando abandono Fez por la ruta de Taza para adentrarme en el Uarga.

La inmensa urbe, rodeada de la pompa esmeralda de sus huertas y de sus bosques, ofrece, vista desde las alturas próximas, bellas perspectivas. Me recuerda su parte alta un pedazo de mi incomparable Granada con sus palacios moros de rojos paredones rodeados de álamos airosos.

Pronto cruzo el Sebú y abandono la carretera de Taza para seguir por pista al Arbaa de Tiza. Empieza el terreno montuoso. La pista serpea junto a pequeños brazos del Sebú, que cruzan puestos poco consistentes. Como medida de previsión contra posibles intentonas enemigas, a cada puente de éstos se le ha colocado un puesto francés. Los soldados viven bajo tiendas individuales y duermen en el suelo.

Sigo. A la izquierda de la pista se alza en el llano un monte en forma de pilón de azúcar. Tiene un nombre y una leyenda entre los moros.

Se le llama "Kudia dcl Má" (el Pico del Tesoro). El jinete que pueda ganar la cúspide romperá el encanto del monte y será dueño del tesoro. Hasta ahora los candidos indígenas que intentaron la empresa tuvieron que echar pie a tierra a mitad de la ladera o rodaron por ella. El tesoro sigue oculto. Es una incógnita como el alma mora...

Llego al Arbaa de Tiza, campamento enclavado en una amplia meseta sobre un valle estrecho cubierto a trozos de trigo bien granado ya. En el campamento me reciben oficiales franceses amablemente. Hay tranquilidad. Una nutrida harca amiga—la de Hayaina—requisa BU armamento en la Oficina de información militar. El teniente Balmigere me habla con entusiasmo del comportamiento de esta harca desde los primeros momentos, combatiendo a los rifeños. Es este campamento una base de aprovisionamiento donde se acumulan víveres, municiones y armamento en abundancia en convoyes que vienen de Fez, de madrugada. Al pie de la posición hay marcado un campo de aterrizaje.

Se ha preguntado por teléfono a Ain Aixa, al coronel Freyndemberg, si puedo seguir la marcha hacia el Uarga, pues las infiltraciones del enemigo son frecuentes y no sería extraña una sorpresa.

Dicen que sí, y sigo hacia el Uarga. Me encuentro, abriendo camino o perfilando las pistas, fuerzas de los batallones de Ingenieros-Zapadores marroquíes, que realizan siempre detrás de las columnas que avanzan, esta tarea tan útil de abrir paso a la civilización. ¡Lástima que aquí tenga que abrirse paso previamente a punta de bayoneta!...

Y llego al Uarga. Heme aquí, a 60 kilómetros de Fez, en el río famoso cuyas aguas tiñe estos días la sangre de los combatientes. El espectáculo que se ofrece al irrumpir en el valle es fantástico. El terreno se ha ido cerrando más hasta aquí; pero ahora se ha abierto nuevamente, adornándose de riscos y arboleda para hacerle un lecho al río, que discurre suavemente, bruñido por un sol que empieza a ser abrasador hacia el mediodía.

En las márgenes del río, en un anfiteatro que forman las montañas limitando el valle, está acampada la columna del coronel Freyndemberg, acaso la más castigada desde la iniciación de los sucesos. En grupos aislados las unidades —expedicionarias muchas— tienen establecidas sus pequeños campamentos con tiendas individuales. Se vive pegados al terreno. Se carece de muchas cosas. La intensidad de la campaña, la movilidad de la columna para atender adonde el enemigo hace más seria la amenaza, exige estas privaciones y esta mala vida bajo un sol de fuego.

Van y vienen, semejando un gran hormiguero, soldados a caballo o en mulos, camino del río o de los depósitos de víveres; baterías, armones... Resoplan incesantemente camiones que arrastran vientres enormes de vituallas para esta boca insaciable de la guerra.

Cruzo el río por uno de estos puentes que asaltaron los rifenos haciendo huir a los pontoneros, y nos disponemos a subir a Ain Aixa, donde he de quedarme y saludar al coronel Freyndemberg, que me acoge afablemente.

Un batallón de senegaleses sube el monte bajo un sol inflexible, agotador, que parece traer fuego del desierto... Las caras de estos soldados de ébano brillan al sol como de bronce bruñido, y se destacan en ellas los ojos y dientes blanquísimos, que parecen sonreír siempre. Es terrible el aspecto de algunos de estos soldados, tatuados bárbaramente, con un labio colgante enorme y con un gran aro colgado de la nariz o en una oreja...

Cuando subo a Ain Aixa extiendo la vista sobre los montes próximos. Los cañones de Ain Aixa apuntan sobre los alrededores de aquéllos:

Taunat, Bibane, Gara del Meziat, Mediuna... El frente de combate, todo el teatro de la guerra, donde es continuo el sacrificio, donde todos los días se acometen y se matan muchos hombres... Al fondo Senhaya, el Rif, la madriguera de la rebeldía...

* * *

El grupo Freyndemberg tenía que realizar un nuevo esfuerzo. La orden que había recibido del Alto Mando era aprovisionar de nuevo los puestos de Bibane y otros sitiados, evacuar los más comprometidos, replegando sus guarniciones, y reforzar algunas posiciones que habían de conservarse.

Para cumplir sus objetivos las tropas de Freyndemberg hallan máximas dificultades. Un enemigo tenaz, perfectamente armado y disciplinado, con un espíritu combativo nunca visto, y atrincherados en puntos que dominaban los pasos obligados de las tropas, aguardaban la ocasión propicia para atacar a la columna de la manera más ventajosa. Estas trincheras donde el enemigo resistió el fuego de la artillería francesa sin evacuarlas, son de un acabado estilo moderno.

En esta disposición la columna de Freyndemberg empieza a encontrar serios obstáculos para llegar a cumplir los objetivos que se le habían marcado. Cada puesto que se ha de aprovisionar cuesta un esfuerzo extraordinario. El enemigo hace un derroche de cartuchería, disparando tanta o más que las tropas francesas. Hacen fuego de cañón sobre éstas y arrojan gran cantidad de bombas de mano, de procedencia alemana. Las guarniciones de algunos puestos reciben orden de evacuarlos (pues no se puede llegar a ellos) y de intentar unirse a la columna. Esto da ocasión a violentos encuentros. Algunas guarniciones no pueden realizar sus propósitos... Y caen en poder de los rebeldes...

En las inmediaciones de los puestos sitiados y en las pistas de la línea avanzada las tropas francesas se encuentran unas cartas escritas en alemán, que entregan al coronel Freyndemberg. Se traduce una, pues todas son iguales. He aquí la traducción:

"¿Por qué combate usted con los franceses? La palabra alemán quiere decir libertad. Vuelvan el fusil, vénganse al Rif con las armas, y si no quieren seguir peleando serán repatriados por Tánger, conservarán el cuello y se les dará dinero. Les ayudará el teniente Klems. En Axdir hacemos la guerra a la moderna. Y ustedes, alemanes, comprenderán la utilidad. Ustedes han ido con los franceses por aventura. Por el contrario, Abd-el-Krim combate por un ideal, por defender su patria. —Klems."

Esta carta está dirigida a los alemanes que forman en las líneas de la Legión extranjera francesa.

Va Freyndemberg suprimiendo los pequeños puestos difíciles de abastecer, dejando posiciones principales con consistencia y elementos para resistir. Refuerza algunas guarniciones y deja vituallas en cierta abundancia, pues como el enemigo vuelve a infiltrarse y situarse entre las posiciones cuando se retiran las columnas hay que procurar el economizar los convoyes.

De algunos puestos la columna Freyndemberg no puede recoger más que cenizas. En uno están quemados sus ocho defensores. En otros la saña indígena ha cometido toda clase de desmanes, mutilando horriblemente a las víctimas que resistieron la acometida. En otro puesto se ha recogido solamente una bandera francesa que presidía el cuadro triste de la guarnición mutilada...

En un pequeño aduar las tropas francesas encuentran un cuadro de horror. El aduar ha sido deshecho por las hordas, quemadas las "jaimas" y asoladas las siembras. De los pobladores del aduar los que no han seguido a los rifenos han sido asesinados.

Entre este cuadro de desolación, de entre las ruinas, un pequeño moro se adelanta implorando perdón y llorando desconsoladamente. Le han matado a sus padres... El teniente Bartelemey, rubio como una mazorca, alza del suelo a la criatura con sus brazos robustos y le da un beso. Está perdonado y queda nombrado hijo adoptivo del batallón... Sólo a un niño así puede perdonarse. Que hay orden de fusilar a los rebeldes que sean aprehendidos o que vengan a pedir perdón.

Se puede llegar a otro puesto después de ruda lucha. Aún quedan más puestos incomunicados, cuyas guarniciones siguen sosteniéndose y viviendo con los medios que la aviación puede proporcionarles. Algunos están ya en situación comprometidísima, recibiendo tenaz fuego de cañón, con numerosas bajas. ¿Resistirán?... El puesto de Sker se cree que no, que caerá en seguida. Los defensores de Sidi Mohamed, agotado cuanto tenían, se han comido las acémilas de que disponían en la posición para el transporte del agua, etc. Los otros pequeños puestos han hecho una salida desesperada, intentando hacer aguada. Los rebeldes los han dejado aproximarse a aquélla, y cuando acercaban la boca sedienta, reseca por la fiebre, al chorro confortado, una descarga enemiga les da muerte...

Los días de combate van sucediéndose y los objetivos señalados a esta columna Freyndemberg se hacen más difíciles y costosos. Para llegar al puesto de Buader hay que sostener otro nuevo combate. El enemigo en las trincheras opone una resistencia inconcebible. Hay que cargar a la bayoneta. Un batallón de tiradores marroquíes tiene un frente comprometidísimo. Desde las trincheras el enemigo con granadas de mano les hace numerosas bajas. Entonces el comandante jefe del batallón pide voluntarios para desalojar las trincheras. Avanza el primero un cabo moro, El Zeruali, un hijo de la cabila de Beni-Zerual. Y enardecido por el fragor del combate, el cabo Zeruali se arranca los galones y se lanza a la bayoneta sobre la trinchera, que es desalojada en lucha feroz. El Zeruali con los voluntarios—algunos de los cuales no volvieron de la trinchera—regresan a las filas ebrios de entusiasmo. En el campo de batalla el Zeruali es ascendido a sargento y propuesto para la cruz de guerra.

***

Cuatro días de combate. Jornadas durísimas donde las tropas francesas han tenido un dolo-rosa lección de la acometividad enemiga. El coronel Freyndemberg, que reconoce el esfuerzo hecho por su columna, dispone que se inicie el repliegue sobre Ain Aixa. No se pueden cumplir todos los objetivos, no obstante estar pidiendo auxilio por heliógrafo diez puestos más que carecen de todo... (Recuerdo los asedios de nuestros puestos de Uad-Laud y Xauen, con las mismas características...) Pero tampoco es posible prolongar el esfuerzo de las tropas coloniales y metropolitanas. Se va a emprender la retirada, reforzando las posiciones de Taunat. Gara del Meziat y un puesto de Ued Sehela, dejando en cada uno un batallón. Pero al iniciarse el repliegue, el enemigo a la expectativa, como siempre, para volver a ganar el terreno que van abandonando las columnas, reacciona violentamente, y se reproduce una lucha feroz, terrible, llegándose al cuerpo a cuerpo.

Rápidamente emplazada la artillería, hace fuego sobre la masa enemiga, disparándose acero largo rato y haciendo en las filas contrarias una carnicería enorme.

La Legión tiene que volver a cargar repetidas veces. Dos compañías envueltas por los rebeldes luchan a la desesperada y quedan casi enteras en poder del enemigo... La aviación, que ha acudido en apoyo del repliegue, interviene eficazmente y arroja gran cantidad de bombas sobre el harca atacante. Esta no es inferior a cinco mil fusiles. El combate se prolonga aún largo rato. Las pérdidas francesas pasan de setecientas bajas. Las del enemigo son incalculables. Y al fin puede vencerse la acometividad del enemigo, manteniéndosele a raya y verificándose el repliegue ordenadamente a Ain Aixa...

* * *

Hay una tregua breve. En Ain Aixa, al día siguiente del repliegue, no se dispara un tiro... Recorro el campamento general. En el hospital de sangre los médicos militares prosiguen su labor practicando las primeras curas y disponiendo la evacuación en los aviones sanitarios de los heridos más graves a los hospitales de Fez, Mequinez y Rabat. Un fraile agregado a un batallón ejerce su misión espiritual cerca de aquellos que profesan la religión católica. Se en tierra piadosamente a los muertos...

Entro en el barracón donde se aloja el coronel Freyndemberg, jefe de la columna. Y fumando un cigarro con él—este coronel debe ser el hombre que fuma más en el mundo, pues durante todo el día está encendiendo pitillos con la colilla del anterior—me da su impresión sobre esta lucha:

"Estamos frente a una tropa regular, bien armada, uniformada y dirigida. El derroche que hace de municiones sólo puede mantenerse disponiendo de grandes reservas o de una gran base de aprovisionamiento. Con un ejército así, ¿debe regatearse ningún elemento moderno de combate para hacerle la guerra?"

Calla el coronel como esperando mi respuesta. Más ayes de dolor vienen del puesto de socorro. Y los aviones sobre el valle inmenso del Uarga, del que parecen salir llamas—tal es el brío del sol que pone fuego en las gargantas—, bordonean como abejas enormes, buscando el punto donde dejar caer sus cargas de trilita...

DE CHENTAFA A BENI - DERKUL.
— EL ASALTO A BIBANE

Cuando nosotros queríamos socorrer en la cuenca del Lau la posición de Chentafa y resultaron estériles nuestros esfuerzos, surgió Numancia. El teniente San José, antes de rendirse o caer en poder del enemigo, prendió fuego a la posición y se pegó un tiro...

Beni-Derkul fue el Chentafa de la zona francesa. El teniente Lapeyre, el héroe. Va la campaña de la zona francesa presentando los mismos caracteres, idénticas facetas. Es que el enemigo es el mismo, iguales sus procedimientos y sus instintos...

Sin embargo, entre Chentafa y Beni-Derkul existe una enorme diferencia. Por libertar Chentafa estuvo una columna española—la del general Serrano—

derramando sangre a borbotones. Caían nuestros oficiales y nuestros saldados en los picos de la cuenca del Lau, con los ojos enfebrecidos, puestos en la cumbre heroica, ansiosos de llegar a libertar a aquel puñado de hombres glorificados por su valor admirable. Nadie regateaba el esfuerzo. Las guerrillas que recibían orden de avanzar lo hacían sin titubear, aunque sabían que iban a la muerte... El enemigo arreció el ataque sobre Chentafa y la guarnición heroica sucumbió. Lloraron los hombres de temple de hierro. Las lágrimas brotaron a los ojos espontáneas de admiración y de rabia, y fueron maldición y oración fervorosa, himno y avemaría, mientras expiraba entre llamas aquel bravo puñado de hombres de nuestra raza, exaltada allí por ellos ante un enemigo dueño del terreno, de un maldito terreno donde jamás debieron colocarse posiciones militares...

Pero se hizo el esfuerzo. Y por cada hombre dimos cien... ¿Qué no se hubiera hecho aquellos días por salvar a Chentafa, después de ganar piedra a piedra la fatídica cuenca del río Gomari?...

Beni-Derkul me recuerda Chentafa. El teniente Lapeyre lo defendía con veinte senegaleses, estos soldados negros que tan buenos servicios vienen prestando a la Francia colonial.

Pico rocoso de los más avanzados, al ocurrir el levantamiento quedó cercado de los primeros por el enemigo. Los ataques de éste al puesto son violentísimos desde los primeros momentos. Pero la guarnición, en el parapeto siempre, los va rechazando. Lapeyre atiende a la defensa y cura a los heridos con los pocos elementos de que dispone. Mas el enemigo no se despega de los alrededores de la posición, que ataca de noche con más violencia. Se caldean los fusiles de hacer fuego. Las ametralladoras van inutilizándose y las municiones se acaban... Una ola de fuego adivina la guarnición a todo lo largo de la línea de posiciones sitiadas. Van cayendo muchas en poder del enemigo... Lapeyre telegrafía al Líando pidiendo municiones, víveres y nuevo material de guerra, pues el que tenía iba quedando inservible. Si no auxilio, quería armas con que defenderse. Pero la importancia del levantamiento imposibilita al Mando francés no sólo a acudir en socorro de los valientes defensores de Beni-Derkul, sino a otros puestos más próximos a las bases de los grupos móviles en reorganización.

Y a sus apremiantes telegramas contestábale el Mando con otros desconsoladores: "La posición está lejos; los caminos son difíciles; el material escasea... No se pueden atender vuestras peticiones... Esperad."

¡Triste visión la que se ofrece a los sitiados, los que, no obstante, toman más bríos para la defensa! Los senegaleses fieles, defendiendo con Lapeyre el puesto, están dispuestos a morir con él. Ni víveres ni agua. Las municiones, próximas a terminarse... Y al enemigo hay que echarlo ya de las alambradas, que ha llegado a cortar audazmente.

Un último intento hace Lapeyre, utilizando a un bravo senegalés. Envía al Mando un despacho angustioso, diciendo "que apenas se podían mantener en el parapeto; que las ametralladoras estaban hechas pedazos, y que con seis hombres que le quedaban no podía atender a la defensa de todos los costados de la posición..."

El silencio responde al último despacho, al último grito de la guarnición heroica. ¿Qué ha sido del mensajero?... Llegó. Pudo cruzar con audacia temeraria las filas enemigas; pudo burlar la muerte... Pero su sacrificio, aunque no fue estéril, porque salvó la vida, lo fue para la guarnición del puesto. El Mando no podía socorrerle...

Fue imposible resistir más. Ya era inminente el asalto de la posición, cuyos parapetos habían destruido en parte los fuegos enemigos... Y Lapeyre, con un gesto gallardo, hermoso como el de San José en Chentafa, reunió el resto de las municiones y todo lo combustible que tenía en la posición, se colocó en el centro y prendió fuego. De pie, entre las llamas, sereno como un mártir, esperó la muerte... Después las hordas rifeñas irrumpieron en la posición. No encontraron más que cenizas...

* * *

Tenía el enemigo decidido empeño en volver a apoderarse del Yebel Bibane, y no cesa en sus ataques furiosos sobre esta posición.

La columna del general Colombat, que intenta nuevamente despejar los alrededores, se ve precisada a sostener cruentos choques, sufriendo muchas pérdidas. Los rifeños eligieron los puntos dominantes del paso a la posición y construyeron fuertes trincheras, donde bien ocultos y parapetados aguardaban el avance de las tropas francesas, que en alguna ocasión fueron rechazadas.

Logrado el primer aprovisionamiento tras grandes sacrificios, e iniciada la retirada, las hordas volvían a sitiar la posición, dispuestas a apoderarse de ella. Días después—el 26 de mayo—hay que volver a llevar convoy. Se presiente el combate. Yo recuerdo a Tizzi-Asa con sus trágicos convoyes... En efecto, el nuevo convoy cuesta otro gran esfuerzo del grupo de Colombat.

Los aviadores venían observando el avance de los trabajos de fortificación enemigos, que entorpecieron cuanto pudieron, así como el aumento de refuerzos rífenos que acumulaban elementos de combate en todo el frente.

El general Colombat dispuso que el avance fuese precedido de intensa preparación aérea y de artillería. Ambas estuvieron entorpecidas por una densa niebla que cubría el Yebel. Hacia las diez de la mañana, algo más despejados los objetivos, las fuerzas de Colombat pudieron efectuar su despliegue en la forma que se había ordenado para hacer más fácil y desahogado el avance del convoy. El ala derecha hizo un movimiento sobre Chitun, y la izquierda sobre Beni-Kifan, siempre apoyadas por la artillería, que había abierto un fuego muy violento.

Pero los rífenos, ensoberbecidos, esperaron en sus atrincheramientos la llegada de las tropas. La lucha que se entabló fue durísima, llegándose al cuerpo a cuerpo, pues los rebeldes querían a toda costa impedir que los franceses consiguieran sus objetivos. No lo lograron, y aunque con un rudo esfuerzo y pérdidas de importancia, los franceses consiguieron establecer el apoyo necesario para que el convoy iniciara el avance. Se dejaron víveres para dos meses.

A la retirada sucedió igual que en días precedentes. El enemigo, materialmente detrás de las fuerzas, volvía a cercar el puesto.

El asedio se reanudó entonces con más duros caracteres. El sargento francés, jefe del destacamento—compuesto de 75 hombres—, había recibido tres heridas durante el primer asedio, y no obstante esto pidió permiso a los jefes para conservar el mando de la posición, lo que le fue concedido.

Durante quince días el asedio da lugar a episodios emocionantes. Los audaces rífenos llegaban hasta el parapeto, donde la guarnición a todas horas rechazaba con sus fuegos una y otra vez los intentos de asalto de la masa enemiga. Componían ésta disidentes de Beni-Zerual y Beni-Urriaguel, auxiliados por soldados regulares rifeños—uniformados y con "jalabas"—, que eran los que dirigían el ataque.

Cada día aumentaba el número de combatientes, dispuestos ya a apoderarse a toda costa do la formidable posición que el macizo representa. Por su parte, el Mando francés, que había aprovisionado el puesto por dos meses, esperaba ver si era posible acometer la ofensiva y se lograba entonces colocar a Bibane dentro de la línea de avance. Pero esto parecía imposible, porque las tropas francesas no podían hacer más que mantener la defensiva. El enemigo no sólo atacaba con brío extraordinario la posición, sino que simultáneamente seguía haciendo grandes obras de atrincheramiento y defensa en todo el macizo y sus accesos hasta convertirlo en una verdadera fortaleza inexpugnable.

Y llegó el día trágico, el viernes 5 de junio. La harca aproxima a la posición uno de los cañones que posee y lo emplaza perfectamente... Manejado por manos hábiles, la boca de hierro arroja sobre la posición gran número de granadas. Desde el campamento de Fez-el-Bali se quiere apoyar con fuego de cañón a los defensores de Bibane. Pero no hay quien logre acallar el cañón enemigo. Por el contrario, éste arrecia sus fuegos por momentos y son cada vez más certeros sus disparos...

De pronto—a las cuatro y cuarto—desde Fez-el-Bali, donde se siguieron las incidencias del asedio, los gemelos descubrían las "yilabas" enemigas en los parapetos... ¡Han entrado al asalto en Bibane! "¡Ya ha caído Bibane!", gritó con rabia la guarnición de Fez-el-Bali... La lucha dentro de la posición asaltada adquiere desesperados caracteres; pero ya inútilmente para la guarnición, que sucumbe y es horriblemente mutilada. Rápidos, los aviones acuden a volar sobre la posición, llena de enemigo, y sobre ella arrojan infinidad de bombas. También concentran sus fuegos en la posición las baterías de Tafrant y Fez-el-Bali...Y pocos minutos después lo que fue puesto de Bibane era sólo una inmensa pira que elevaba al cielo—un cielo azul, fuerte, de acuarela—un humo negro de destrucción definitiva...

LA INTERVENCIÓN DEL PARLAMENTO. SE DEFINEN ALGUNAS ACTITUDES

Con ocasión de este desastre africano Francia nos refresca la visión que ofrecía nuestro Parlamento a raíz de Annual.

A tono con el tronar de los cañones y con los ayes de las víctimas de la guerra saben ponerse siempre los políticos—especialmente los profesionales—para adoptar sobre la plataforma bélica la postura más cómoda a sus ideales o a... sus intereses.

Comunistas y socialistas inician al surgir los sucesos violentos debates, que por adelantado sabemos que han de tener en los asuntos de Marruecos enorme repercusión.

Tan peligrosa es, a mi juicio, la tormenta de cañonazos que descarga sobre el frente del Uarga como esta otra tormenta de juicios, interpelaciones, declaraciones, etc., que se inicia en la Cámara francesa en torno a este revés africano. Lo grave además es que todos quieren que surja el responsable. "¡Es preciso buscarle! ¡Y que sobre él caigan las iras de la Francia!..."

Pero el responsable no ha de surgir. En estas empresas coloniales, como en todas, el responsable es el sistema. Una larga cadena de causas y de hechos que determinan a la larga el revés o el fracaso... El responsable no es uno. Suelen ser muchos. Y como son muchos, el responsable no aparece. Y entonces sacamos la consecuencia de que el responsable es el sistema. Es lo más racional y... lo más cómodo. Francia no encontrará al responsable en estos acontecimientos sangrientos que le han hecho perder varios miles de hombres y aumentar su ejército combatiente de Marruecos hasta en cien mil hombres para hacer frente a la rebeldía. La situación, sus causas y resultados se parecen mucho, como ya digo, a nuestra situación el año 21. Nosotros nos quedamos aguardando también al responsable mientras la nación seguía haciendo un dilatado sacrificio...

* * *

Las sesiones parlamentarias francesas toman con ocasión de los graves acontecimientos del Uarga un interés grande. Y de ellas es preciso recoger lo más sabroso.

Painlevé un día hace historia breve de lo ocurrido, defendiéndose de los ataques de los comunistas, que condenan el imperialismo. Y dice que el frente del Uarga se encontró amenazado. "Entonces fue cuando el mariscal Lyautey fue autorizado a establecer pequeñas posiciones mas allá del río. ¿Qué hubiera ocurrido si los rifeños franquean el Uarga sin obstáculo? Hubieran encontrado desembarazado el camino hacia Fez. ¿Qué se hubiera dicho entonces de la imprevisión del Gobierno?

"No sería sólo el Marruecos pacífico lo que abandonaríamos al retroceder, sino Argelia y hasta la Francia misma estaría expuesta a una agresión de los fanáticos. Francia está propicia a todas las proposiciones de paz. No quiere más *que los rifenos se aprovisionen normalmente* y que no roben."

Y de los propios labios de Painlevé escuchamos estas frases, que confirman dónde se aprovisionaban los rifenos cuando nos hacían la guerra: *"Jamás hemos cerrado los mercados a las cabilas,* sino simplemente evitado el pillaje."

En diciembre el mariscal Lyautey pidió refuerzos, haciendo constar que no intentaba entrar en el Rif. El Gobierno, sin tomar en consideración la petición, no la aprobó; pero temiendo una agresión, el mariscal renovó su petición en marzo y en abril."

Desde la formación del nuevo Gobierno, a mediados de abril, M. Painlevé ordenó el envío de los refuerzos pedidos, insistiendo cerca del mariscal para que se abstuviera de penetrar en la zona española. Eran éstos los deseos del colonizo francés, como veremos más adelante.

Ya entonces los rifenos habían penetrado en el territorio francés. Lyautey pudo con los primeros refuerzos enviados proteger la ruta de Fez; pero como los efectivos rifenos crecían continuamente, fueron necesarios nuevos refuerzos.

Como le apretasen los comunistas para conocer el número de los efectivos que peleaban, Painlevé se limitó a dar el número de las bajas sufridas en los primeros encuentros: 400 muertos, 135 desaparecidos y 1.100 heridos.

Esto era en mayo.

Painlevé lee a la Cámara un documento por el que Doriot, hallándose en Rusia, se había comprometido con la Tercera Internacional para decir que los comunistas franceses apoyarían la actuación de

Abd-el-Krim, y además que Francia no podría sostener la lucha contra éstos.

El jefe del Gobierno protesta con indignación contra la propaganda comunista entre los marinos, a quienes se invitaba a retardar el transporte de las tropas y material de guerra para Marruecos. "Esa propaganda—dice—no podía tener más resultado que el de hacer que corriera aún más sangre francesa en Marruecos."

Recuerda la propaganda bolchevista por la que se incitaba a Abd-el-Krim a hacer la guerra, mientras que Francia manifestaba voluntad y deseos de paz.

Y arremetiendo contra los comunistas, lee también este famoso despacho, dirigido por el grupo parlamentario comunista y las juventudes de ese partido a Abd-el-Krim para felicitarle por su victoria:

"Grupo parlamentario, Comité director del partido comunista, Comité nacional de las juventudes comunistas, saludan la brillante victoria del pueblo marroquí sobre los imperialistas españoles. Y felicitan a su valiente jefe Abd-el-Krim, esperando que después de la victoria definitiva sobre el imperialismo español continuará la unión con el proletariado francés y europeo para la lucha contra todos los imperialismos, el francés inclusive, hasta la liberación completa del suelo marroquí. ¡Viva la independencia de Marruecos! ¡Viva la lucha internacional de los pueblos coloniales y del proletariado mundial! Por los organismos directores, firmado: *Semard, Doriot.*"

Pero los comunistas gritan y protestan, y alguno nos deja ver la trama de una verdadera red de intrigas que, si un día causaron grave daño a España, está a punto de apresar a los que la tendieron. El diputado Barthou dice "que un Sindicato financiero franco inglés es el que ha proporcionado armas a los rifenos para su acción contra los españoles. Cita concretamente que en ello está comprometido el Banco de París y de los Países Bajos. Yo poseo contratos y documentos que lo acreditan; parte de estos documentos ha sido publicada en la Revista Colonial. Todos los nombres son bien conocidos; su acción se desarrollaba con la aquiescencia pasiva del Ministerio de Negocios Extranjeros. Los hombres de negocios han tratado con los rifedños y han ayudado al contrabando de guerra."

Acusa a ciertos franceses de querer extender los límites del Protectorado francés a toda la zona que ha sido abandonada por España.

No andaba muy descaminado Barthou con estas últimas declaraciones. En Fez pude compulsar tal estado de ánimo entre la opinión militar. Citaré al efecto una conversación tenida con un jefe de gran relieve, que estaba al frente de una de las primeras oficina de la antigua ciudad imperial. Me decía:

—Francia no puede permitir que la rebeldía de Abd-el-Krim cause tan graves trastornos en su zona de protectorado. Y es preciso hacer lo necesario para atajar estos males y otros mayores que podían sobrevenir. La retirada de España de los puntos avanzados que la pusieron un día camino de ocupar la zona que le correspondía pacificar, debe tomarse como una dejación de sus derechos. Y si Abd-el-Krim, con sus banderas de rebeldía, viene a hacernos la guerra en esta forma, nosotros tendremos que ir incluso al Rif a castigarle.

— ¿A pesar de las fronteras?...—le pregunto.

—A pesar de ellas—insiste.

Y calla por un momento, como para recoger mejor sus ideas sobre este asunto.

Claro está que hablar así cuando no se contaban ni con medios para limpiar de enemigo la mitad del territorio francés invadido era hacerse ilusiones tontas. Pero era ése el espíritu que reinaba entre el elemento militar francés. Citaré otro caso transcribiendo un rápido diálogo habido entre el enviado de un periódico extranjero y un jefe de Estado Mayor francés que nos daba detalles sobre la situación en un mapa del Imperio.

Seguíamos atentamente en el mapa las indicaciones del jefe de Estado Mayor sobre los puntos de Kifane y Taunat, por donde el enemigo había concentrado sus fuerzas. Y hablando de la ofensiva francesa y de las probabilidades de un avance sobre el Rif, el periodista inglés exclamó refiriéndose a la divisoria de las dos zonas:

—Pero aquí está ya la frontera, ¿no?...

Y vivamente le replicó el jefe francés:

—Aquí no hay nada... El Convenio del 12 nada más—rectificó en seguida al darse cuenta de mi presencia...

El espíritu de los franceses, su estado de ánimo era desde luego éste de rebasar la frontera. Ya lo declaró el mismo Paintevé en la Cámara.

Ahora que, por desgracia, la realidad ha sido muy otra; y al espíritu imperialista de los que así pensaron puso una cauta sordina el ímpetu enemigo...

* * *

También Briand explicó a su modo el proceso del levantamiento y llegó a verter en una de estas sesiones conceptos que nos interesan demasiado, por lo que afectan a nuestras luchas con el Rif:

"¿Qué quieren los rifenos?—dijo—. ¿Medios para avituallarse? *Pues bien: por el lado de Francia jamás se les puso trabas para ello.* Pero lo que sí les hemos prohibido ha sido el robo y el saqueo. Hemos esperado mucho tiempo, harto tiempo quizá, en la esperanza de que los rifeños no cumplieran sus amenazas. Fuimos atacados por los rifenos el día 16 de abril, y esa gente saqueó e incendió aduares de cabilas sometidas a nuestra autoridad. Pues bien: contra esa singularísima forma de avituallarse es contra la que nos alzamos con todas nuestras fuerzas. *El Rif no parecía alentar sentimientos hostiles para con Francia, y todos los años más de cincuenta mil rifenos iban a trabajar a la provincia de Oran.*

"Pero hubo cosas que vinieron a excitar la codicia y el orgullo de Abd-el-Krim; hubo gentes que, atraídas por el lucro, acudieron al lugar de la lucha, y hubo otras que alentaron a Abd-el-Krim con la esperanza de que Francia se hallaría frente a dificultades insuperables, en lo cual, por cierto, se han equivocado; y hubo, por fin, esa embriaguez que en el cabecilla rifeño produjo el éxito favorable logrado por sus huestes en la zona española.

"Y por todo ello ha resultado que Abd-el-Krim no era al Uarga adonde se dirigía, sino a Fez. Ahora bien: tropezó en el camino con nuestras fuerzas y se dio cuenta de que ponerse en camino de Fez no era tan fácil como creía."

* * *

De los debates parlamentarios vino el nombramiento de una Comisión parlamentaria, compuesta por los Sres. Guilhaumon, Cluzel, De Moutjon y Fiori.

Almorzábamos en el "Transatlantique" de Fez un día, a fines de junio, cuando se nos acercó Cluzel y nos hizo unas declaraciones que, a su juicio, reflejaban los puntos de vista del partido socialista respecto al problema. Y nos dijo:

"La opinión del partido socialista francés, que, como ustedes saben, representa quizá el núcleo más importante en la opinión francesa, tiene formado su juicio ya respecto a la penetración en el Rif, y puedo afirmar que no le interesa internarse en él. El partido socialista desea llegar pronto a una paz con Abd-el-Krim, concertada por Francia y España, que evite la efusión de sangre, aun comprendiendo las dificultades de esa paz, dadas las pocas garantías que pueden ofrecer no ya el Rif, sino el propio Abd-el-Krim.

"En cuanto al acuerdo militar entre Francia y España, no sería dificultad, por nuestra parte, la delimitación de fronteras. El pueblo francés —lo que verdaderamente podemos considerar como tal—no aspira a hacer nuevas conquistas. Le sobra con su vasto imperio colonial. Únicamente el elemento militar, atento al espíritu de su carrera, y un partido que cuida mucho la expansión colonial de Francia— los colonistas—, pueden pensar de aquella forma.

"Por nuestra parte, y en cuanto a la frontera en la línea del Uarga, no solamente el valle, sino la parte de montaña que a él afluye, pueden quedar para España.

"Sucede con este punto—continúa—exactamente igual que con Tánger. Comprendo que la discutida ciudad del Estrecho representa para España una aspiración nacional y una cuestión de amor propio. A Francia para nada le sirve. Y como punto dominante del Estrecho, que pudiera ser cuestión internacional con Inglaterra, estamos en una época en que los medios militares modernos—aviación, submarinos, etc. —pueden inutilizar no solamente Tánger, sino el mismo Peñón de Gibraltar, con todo su armazón defensivo. Tánger, hace veinte años, suponía indudablemente una posición militar de primer orden en el Estrecho. Hoy ha perdido ese carácter.

"Nosotros aspiramos a la colaboración internacional pacífica de las naciones que tienen intereses en Marruecos; y por muchas dificultades que haya para llevarla a efecto, el solo hecho de ponerse al habla, como han hecho Francia y España, es un gran paso para llegar al acuerdo perfecto. La conversación es como un borrón que se extiende y borra prejuicios y falsos puntos de vista que sin ella sería imposible hacer desaparecer."

Expuso a continuación, examinando la cuestión desde el prisma de vista político, las facilidades que España podría encontrar para lograr sus aspiraciones sobre Tánger, tan legítimas, y señaló asimismo los inconvenientes que a su juicio se oponen a ello. Nos preguntó el señor Cluzel por la importancia minera del Rif, y como le informásemos de la creencia que existe de que seguramente no responde al sacrificio que se lleva hecho, en el supuesto de que España no tuviera otra aspiración en el arribo al Rif, M. Cluzel comparó entonces esto con la zona petrolífera que en el protectorado francés se señala al este de Kifane. "Nos dicen que los indígenas recogen allí buena cantidad de aceite mineral; pero seguramente no tiene la importancia que los colonistas le atribuyen."

De cuanto contienen estas declaraciones, lo que se refiere a la delimitación de fronteras es lo que nos hace más mella.

"Las montañas de la otra vertiente del Uarga pueden quedar para España..."

¡Merci, monsieur! ¡Ya tenemos bastantes!...

LOS PRIMEROS COMBATES EN LA PEGION DE UAZAN.
—LOS CHORFAS UAZANIES.
—LA EVACUACIÓN.
—EL VIAJE DE PAINLEVE Y SU ENTREVISTA CON EL SULTÁN

Como obedeciendo a un plan perfectamente trazado, la rebelión fue extendiéndose al hilo de todo el frente francés. Y si difícil fue la situación de toda la región norte de Fez y sangriento su desarrollo, no lo fue menos en Uazan. Guezauas, erhonas y enimesguildas secundan el movimiento, atacan los puestos de todo el sector e incomunican la mayoría, especialmente los del Norte, en la cuenca del Luccus, frente a nuestras antiguas posiciones de Teffer.

Al producirse los primeros chispazos en la zona, parecía que no iban a tener repercusión en la región de Uazan. Los franceses descansaban en el prestigio arraigado y efectivo de los chorfas de Uazan, que les habían prestado en otras ocasiones grandes servicios. Cuando estalló la guerra europea convenía mucho a los franceses la tranquilidad de su zona, contra la que ya los alemanes habían intentado varios golpes. Para lograr tan necesaria tranquilidad en Uazan, los franceses—muerto el famoso cherif de Uazan, de tanto ascendiente en la región— llevaron a los hijos de aquél, Muley Ali y Muley Hamed, que residían en Tánger, y nombrándoles chorfas, consiguieron con su prestigio que no se levantaran las cabilas limítrofes durante el tiempo que duró la guerra. En este tiempo, Muley Ali—actual chorfa—laboró con entusiasmo al lado de Francia, y su prestigio se extendió hasta los límites del Uarga, premiando Francia a Muley Ali con la Legión de Honor y autorizándole, al terminar la guerra para que volviese a vivir en Tánger. En Uazan dejaba a un primo suyo en calidad de jalifa.

Pero los franceses, ante el peligro de este levantamiento, habida cuenta de los manejos rifeños en todos los límites para sublevar a las cabilas y someterlas a Abd-el-Krim, dispusieron nuevamente el traslado del cherif a Uazan, donde empezó a interponer su influencia para atajar el paso de la rebeldía.

Mas ésta fue cada día ganando más terreno; y a mediados de junio, el Alto Mando francés, que temía un serio revés, dispone la evacuación de la población civil.

La harca, en su ataque, llega a sitiar los puestos del campo interior... La situación se agrava por momentos.

Días después de la evacuación civil puedo arribar a Uazan. Vuelvo a contemplar la montaña como una larga cadena, desde Yebel Bu Alai al Yebel Sarsar. La montaña, con todos sus inconvenientes y todos sus peligros para mantenerse en ella y mover tropas contra el enemigo...

Cuando llego, los frentes norte y este de la ciudad de Muley Abdalá están amenazadísimos por este enemigo que de manera tan poderosa conoce los escondrijos y los accesos de cada pico.

¿Quién ganaría a estas harcas rebeldes a conocer el terreno, a triscar por él, a aprovechar sus repliegues cuando atacan o se retiran a voluntad, sin la cohesión de los ejércitos europeos, sin presentarse en masa al combate ni hallar desdoro en la desbandada, con el instinto ya de volver a reunirse en terreno seguro?.,. ¿Quién piensa luchar, sin sacrificios grandes, con un enemigo así, sobre terreno montañoso, donde él es el experto, el dueño y señor?...

Uazan, como Xauen, está rodeado de montañas, aunque las de Xauen sean más encadenadas y peligrosas. La situación en la región de Uazan cuando yo la visito se asemeja mucho, por cierto, a la de Xauen cuando el enemigo fue cercando los puestos exteriores, que costaba duro esfuerzo abastecer... En Xauen, a la evacuación de la población civil europea siguió la de nuestros puestos. Uazan, la ciudad santa, goza todavía, en los días de mi visita, de tranquilidad relativa en un círculo de seis a ocho kilómetros. La población indígena ve la guerra desde las azoteas, y sigue atentamente los movimientos de los grupos móviles—detenidos con suma frecuencia—para descongestionar de enemigo los puestos incomunicados y atacados violentamente.

Y este moro observador que desde su casa atisba la montaña, mientras truena el cañón y escucha el seco estampido de las "arbaias" enemigas, espera el curso de los acontecimientos sosteniendo una gran lucha interior. Querría vivir en paz; pero el instinto religioso y de raza le hace escuchar con deleite—y quisiera tomar parte en él—el estruendo de la lucha, que supone por la fe y el triunfo del Islam...

Un día y otro las tropas de Uazan combaten para liberar los puestos rodeados de enemigo y aprovisionarlos.

A Rehana no pueden llegar las tropas, y se inician negociaciones con ofrecimiento de dinero para efectuar la evacuación...

Y todos los días de junio la lucha se reproduce dura y tenaz, mientras los clones buscan a los rebeldes, ametrallándoles... El día 20, el enemigo hace una violenta reacción ofensiva, cayendo materialmente sobre el grupo móvil de Uazan cuando éste operaba sobre un punto denominado por los franceses "Pico de Pato".

El combate que se entabló fue violentísimo, y las bajas de ambas partes fueron muy considerables.

Por otra parte, empeoró la situación la actitud de la cabila de Beni Mesguilda. Muerto en un combate el caid de esta cabila, que contenía en los cabileños el espíritu de rebeldía, las defecciones empezaron y fueron cada día más numerosas.

Otro golpe de mal efecto y de envanecimiento para el enemigo es una operación poco afortunada de las tropas francesas sobre el Yebal Ben Mesaud. La operación se había planeado para castigar y tomar posesión de uno de los mejores y más importantes poblados de la región. La llevarían a cabo un núcleo no muy numeroso de tropas, apoyadas por partidarios.

En vanguardia, como exploradores, iban los camiones blindados, con ametralladoras.

Pero la gente del aduar se aprestó a la defensa, organizándola admirablemente, mientras le llegaban del enemigo considerables refuerzos, que se dispusieron a frustrar los planes de las tropas francesas.

Apenas iniciado el avance quedó entablado el combate, empujando con brío los franceses para lograr sus propósitos; pero era tenaz y firmísima la resistencia de los contrarios, que defendían el poblado con un ardor pocas veces igualado. Las bajas por ambas partes son muy numerosas, y los que ocupan el poblado no parecen dispuestos a ceder un palmo de terreno.

Finalmente, las tropas y partidarios franceses son rechazados, replegándose a su base conseguir su objetivo...

* * *

El hecho es que toda Francia se conmueve ante la magnitud de los sucesos, y el mismo presidente Painlevé hace un viaje a Marruecos en avión para apreciar su alcance.

Este viaje es comentadísimo. A *Le Temps* le parece demasiado aparatoso y solemne: "Si sólo desempeñara M. Painlevé la cartera de Guerra, se comprendería mejor—dice—la presencia del jefe del Ejército en el campo de operaciones. Pero precisamente por tener el mando un general como Lyautey, de su historia, de su capacidad y de su experiencia en las campañas coloniales, hubiéramos creído que el Gobierno francés no necesitaba estudiar sobre el terreno ningún asunto militar. Cuando los socialistas de la Cámara defendieron la preferencia de la acción política y recomendaron abiertamente la negociación con Abd-el-Krim, el presidente del Consejo y el ministro de Negocios Extranjeros no negaron la conveniencia de pacificar políticamente el Protectorado, si hubiera ocasión y probabilidades de eficacia, aunque advirtieron que, por tratarse del problema del Rif, Francia no podía emprender sola este camino."

Espero en Rabat la llegada del avión *Latecóere* que conduce a Painlevé. Coincide su llegada con la evacuación de la población civil de Uazan y fuertes ataques a las posiciones de Taunat y Ain Mediuna, que más tarde tiene que ser evacuada por segunda vez...

Mil personas escrutan el horizonte esperando ver llegar el avión presidencial. La expectación es enorme. Se sabe al Sultán muy contrariado por la situación, que se agrava por momentos, y por los éxitos que el enemigo obtiene en muchos puntos sobre las tropas francesas... Y se sabe también que de Rabat, de manos incluso de algunos funcionarios, han sido enviados a París antecedentes que han servido a los comunistas para su primer ataque parlamentario...

Realmente, Painlevé viene a conferenciar con Lyautey y recoger antecedentes antes de aguantar en la Cámara un nuevo debate.

La entrevista con el Sultán es muy interesante.

El Sultán se levantó con gesto amable, y al ver entrar a Painlevé tendióle la mano, mientras Painlevé decíale: "En nombre de Francia os hago presente nuestras obligaciones."

Y a un torneo de frases protocolarias, entre las que se ensalzó también la obra de Lyautey, y Painlevé dejó entrever el interés de Francia en mantener sus prestigios y preponderancia en Marruecos, siguieron estas palabras del Sultán:

—Yo deseo, M. Painlevé, y éste es un punto capital, que siga Francia manteniendo el Protectorado.

—Tal es mi opinión, y así lo he manifestado siempre—responde Painlevé.

A lo que rápidamente dijo el Sultán:

—El sostenimiento de la autoridad del Maj-zén se impone.

Fue solemne el momento, especialmente al afirmar rotundamente Painlevé los propósitos de Francia de cumplir sus deberes en Maruecos.

Celebra Painlevé desde este día estrechas conferencias con Lyautey; recorre rápidamente los puntos del frente que buenamente puede visitar, y vuelve a Francia convencido de tres cosas:

Primera. La necesidad imprescindible de que España ayude a Francia a resolver el pleito común de la rebeldía del Rif.

Segunda. De que una de las principales características de esta campaña es la de una guerra de contrabando, y que, terminado éste, se habrá dado un golpe de gracia a la rebeldía; y

Tercera. De la necesidad de enviar de manera urgente refuerzos en gran cantidad, si no se quería dejar al enemigo invadir el territorio pacífico.

Y desde su regreso vemos progresar hacia el terreno real la Conferencia de técnicos hispano franceses en Madrid; se llega rápidamente al acuerdo de represión del contrabando, y aumenta el arribo a Casablanca de refuerzos, que primero llegan de Argelia y luego de Francia, del Ruhr y del Indostán, para ser encuadrados inmediatamente en la línea de fuego.

VIAJE POLÍTICO DEL SULTÁN A FEZ

A mediados de junio, la amenaza sobre Fez se acentúa. Abd-el-Krim, que había anunciado dirigir sus ataques sobre Zoco-el-Arbaa de Tiza, los cumple. Y anuncia sus propósitos de ir a Fez también para el Aid-el-Kevir... En toda la región la inquietud es manifiesta. En Fez, los ánimos no están muy tranquilos; y aunque las autoridades no permiten que se comente sobre la situación—hasta el punto de encarcelar a varios indígenas e israelitas—, en voz baja se emiten juicios que dejan entrever un estado general de zozobra.

Los franceses quieren reanimar la opinión. Especialmente les interesa contrarrestar la propaganda enemiga en la región de Fez y levantar la moral de las cabilas limítrofes. Y al efecto planean un viaje político del Sultán Muley Yusef a Fez, antigua residencia de los Sultanes. Estos, al implantarse la protección francesa, tuvieron que fijar su residencia en Rabat, la capital burocrática del Protectorado.

El viaje tuvo efecto el 18 de junio. De las cabilas vino poca gente, manifestando bien a las claras lo difícil de la situación política. En cambio, la ciudad acudió en masa a recibir a Muley Yusef. Las autoridades habían dado órdenes severas para que el recibimiento resultase lucido.

Reproduzco una de las crónicas que hice para El Sol en tal ocasión, pues creo que refleja bien os momentos de este pintoresco viaje:

"Por las veredas que afluyen a la carretera de Fez hormiguean caravanas moras; gente de los aduares que parece traer prisa por ver algo extraordinario. A lo largo de los primeros kilómetros de la carretera de Mequínez se forman grupos pintorescos, en los que abundan mujeres y niños. De la montaña van surgiendo continuamente estas gentes, a quienes debe reunir hoy un motivo grande. ¿Qué sucede? De la Medina de Fez, el más bello barrio moro del Imperio, ascienden por las pinas cuestas en tropel moros de todas las clases sociales, entre los que se destacan, con perfil airoso, las figuras majestuosas de los moros ricos, con su "lebda" debajo del brazo; unos a pie y otros sobre mulas aparejadas con lujosas y cómodas monturas: moras con la faz oculta a la altura de los ojos, dando a éstos un delicioso encanto—de estampa y de misterio—, y cubiertas con albos jaiques, que adquieren bajo las arcadas de estas puertas maravillosamente labradas de Buyelud todo el prestigio árabe de su tradición... Cofradías de aisauas, hammachas, darkaua, etc., etc., cotí sus banderas policromas, seguidas por cientos de curiosos y adeptos que pronto inundan los jardines de Buyelud, agolpándose en masa enorme a las puertas de Dekaken y Bab Sajnju... ¿Qué sucede? Es algo excepcional. Las moras de cierta categoría social, que en sus vestiduras y en su porte dejan entrever que pertenecen a la aristocracia mora de esta encantadora ciudad de Fez, no suelen salir así mezclándose con la plebe, que grita alborozada, mientras atruenan el espacio los atabales y gaitas de las chirimías moras, y las campanas de cobre de los "guerrab"—aguadores moros que ofrecen agua en cuencos de cobre— quieren dominar con su tañide sonoro la baraúnda. ¿Qué suceso conmueve así a la ciudad y el campo?... ¡Es que viene el Sultán Muley Yusef El Alaui, príncipe de los creyentes! Y los sumisos, los que quieren vivir de la paz de su trabajo, acuden gozosos de rendirle pleitesía y vasallaje.

"Este viaje del Sultán será un viaje político—como dicen los que entienden de estas cosas—, porque interese levantar los ánimos conturbados desde que la rebelión llegó a las puertas de la ciudad de Muley Idris. Habrá andado experta en la organización de este viaje la mano de la nación protectora, a quien igualmente interesa la vuelta a la tranquilidad, y puede que el número de indígenas del campo que han acudido a recibir a Muley Yusef no sea todo lo numeroso que fuese de desear, aunque sí un reflejo de la situación política de murallas afuera, no muy favorable. Pero Fez tiene 120.000 almas, y la ciudad mora está aquí, al pie de la puerta de Bab Sajma, en cuyas almenas puedo presenciar el maravilloso espectáculo de la espera y entrada del príncipe de los creyentes...

"Por momentos crece el gentío en la gran explanada amurallada, por donde ha de entrar el Sultán a Bab Dekaken, puerta del palacio. Los oficiales de las oficinas de información y la Policía se multiplican por mantener en dos filas a la muchedumbre. Van quedando a la puerta del recinto, en los jardines de Buyelud, numerosos coches con toldillas blancas, al estilo colonial, de los cuales descienden de vez en cuando deliciosas mujeres francesas luciendo vaporosas toilettes, que se mezclan a poco entre el inmenso gentío musulmán, ofreciendo pintoresco contraste.

"Desde mi observatorio, el golpe de vista es fantástico. Frente a la puerta de la vieja fábrica de armas del Sultán, y delante de lo que podríamos llamar el pueblo, se han situado un sin fin de banderas multicolores de las cofradías. Frente a ellas, formando calle y luciendo ricas chilabas, los moros del Majzén y notables; moros de aspecto venerable, pertenecientes a de aisauas, hammachas, darkaua, etc., etc., con sus banderas policromas, seguidas por cientos de curiosos y adeptos que pronto inundan los jardines de Buyelud, agolpándose en masa enorme a las puertas de Dekaken y Bab Sajnju... ¿Qué sucede? Es algo excepcional. Las moras de cierta categoría social, que en sus vestiduras y en su porte dejan entrever que pertenecen a la aristocracia mora de esta encantadora ciudad de Fez, no suelen salir así mezclándose con la plebe, que grita alborozada, mientras atruenan el espacio los atabales y gaitas de las chirimías moras, y las campanas de cobre de los "guerrab"—aguadores moros que ofrecen agua en cuencos de cobre—quieren dominar con su Tañide sonoro la baraúnda. ¿Qué suceso conmueve así a la ciudad y el campo?... ¡Es que viene el Sultán Muley Yusef El Alaui, príncipe de los creyentes! Y los sumisos, los que quieren vivir de la paz de su trabajo, acuden gozosos de rendirle pleitesía y vasallaje.

"Este viaje del Sultán será un viaje político—como dicen los que entienden de estas cosas—, porque interese levantar los ánimos conturbados desde que la rebelión llegó a las puertas de la ciudad de Muley Idris. Habrá andado experta en la organización de este viaje la mano de la nación protectora, a quien igualmente interesa la vuelta a la tranquilidad, y puede que el número de indígenas del campo que han acudido a recibir a Muley Yusef no sea todo lo numeroso que fuese de desear, aunque sí un reflejo de la situación política de murallas afuera, no muy favorable. Pero Fez tiene 120.000 almas, y la ciudad mora está aquí, al pie de la puerta de Bab Sajma, en cuyas almenas puedo presenciar el maravilloso espectáculo de la espera y entrada del príncipe de los creyentes...

"Por momentos crece el gentío en la gran explanada amurallada, por donde ha de entrar el Sultán a Bab Dekaken, puerta del palacio. Los oficiales de las oficinas de información y la Policía se multiplican por mantener en dos filas a la muchedumbre. Van quedando a la puerta del recinto, en los jardines de Buyelud, numerosos coches con toldillas blancas, al estilo colonial, de los cuales descienden de vez en cuando deliciosas mujeres francesas luciendo vaporosas toilettes, que se mezclan a poco entre el inmenso gentío musulmán, ofreciendo pintoresco contraste.

"Desde mi observatorio, el golpe de vista es fantástico. Frente a la puerta de la vieja fábrica de armas del Sultán, y delante de lo que podríamos llamar el pueblo, se han situado un sin fin de banderas multicolores de las cofradías. Frente a ellas, formando calle y luciendo ricas chilabas, los moros del Majzén y notables; moros de aspecto venerable, pertenecientes a las más ricas familias del Imperio, que aprendieron en las "Medersas" de la ciudad las ciencias árabes. En los ángulos de la explanada, y cubriendo toda la carrera, fuerzas de tiradores y legionarios...

"Cuando el sol asoma entre las nubes que entoldan a retazos el cielo, el cuadro que tengo a la vista se ilumina con sorprendente colorido. Son como brochazos de una paleta fantástica los rojos tarbuches, las chilabas azules, grises, moradas, salmón; chilabas blancas y montañesas, a rayas; la albura de los turbantes y el carmín del uniforme de la guardia negra del Sultán, en una diabólica sinfonía de colores. Y dominando el bullicio y el griterío de la muchedumbre, la música interminable de las chirimías...

"— ¡Ya viene el Sultán!—se escucha de mil bocas—. ¡Ya viene el Sultán!...

"La caravana automovilista de la Residencia viene por el camino de Mequinez, levantando gran polvareda, entre las filas de los cabileños. Las bandas de la Legión y de la Guardia Imperial baten marcha. La muchedumbre se agita impaciente. El momento es solemne. Todas las miradas se concentran en un punto. Pasa el primer auto. No es el Sultán. Es el general De Chambrun, jefe del sector norte de Fez. Detrás, un piquete de jinetes negros de la Guardia Imperial, con banderines verdes. Luego, la banda de trompetas de la misma Guardia imperial, anunciando la entrada del Sultán, que la noche anterior había dormido en Muley Idris, junto a la tumba sagrada del fundador de la primera dinastía independiente de Marruecos.

"La animación crece cuando el automóvil imperial entra por Bab Sajma y va a detenerse en el sitio donde están los notables y el Majzén. Con Muley Yusef venían en su coche el chambelán El Hach Falaui Ababu y Ben Gabrit, jefe del Protocolo. Seguidamente, ante Su Majestad Imperial, que no descendió del coche, fueron desfilando el Majzén y los notables; muchos de los cuales, al inclinarse, besaban las vestiduras de "signa" (nuestro señor), mientras seguía el ruido ensordecedor de las trompetas y tambores, gaitas y panderos y la chillería de la muchedumbre.

"Ya está en Fez Muley Yusef, y en auto entra en el Mexuar, seguido de su corte y de su séquito, tras el cual cierra marcha la muchedumbre, ya en tropel. Pero los que esperaban verle entrar en Fez a caballo, conservando el típico prestigio de la tradición, bajo el rojo parasol y rodeado de esclavos que quitaran al caballo las moscas con pañuelos de seda, se han quedado defraudados... El auto, con sus comodidades europeas, va borrando el tipismo hasta en esta bella estampa árabe del Sultán a caballo seguido de su pueblo...

"Ya está el Sultán en Fez. La noticia la llevaron al campo los que de él vinieron a recibir al príncipe de los creyentes... ¿Cuál será el alcance de este viaje de una semana en tan difíciles circunstancias? Lo dudamos; pero los franceses esperan de él buenos resultados políticos en toda la región.

"Yo, antes de abandonar mi excelente mirador almenado de Bab Sajma, aun extiendo la vista hacia las montañas del horizonte, al norte de la ciudad: Senhaya y todo el nudo montañoso del Rif; hacia la línea del Uarga, donde las tropas francesas contienen estos días la rebeldía del país y los sueños de victoria del cabecilla de Beni-Urriaguel, cuyas gentes ya atacan por Ain Aicha y Kalá de Slés, puntos más próximos a Fez... Y pienso de todo esto que cada día se complica más la situación, con nubarrones como este cielo de Fez, que al caer la tarde ha puesto un inmenso palio gris sobre la bella ciudad idrisita..."

LA COLABORACIÓN FRANCOESPAÑOLA.
—MAR Y TIERRA
—ALGUNOS DATOS INTERESANTES
—UNA CARTA DE ABD-EL-KRIM

El agudizamiento de la rebeldía, el peligro de que su llama se extienda y tenga una repercusión futura en nuestra zona predispone al fin a Francia y a España para una labor conjunta. Y se nombra una Comisión de técnicos que elaboren un plan.

¡Demasiado tarde!...

La colaboración debió empezar hace mucho tiempo, después de firmarse el Tratado del 12. La labor a desarrollar en Marruecos bien merecía una armonía y una lealtad absolutas. Había que luchar con muchos elementos contrarios, por espíritu racial, a la obra de civilización que ambas naciones se imponían en dos zonas separadas en aquellas fechas por una frontera hipotética... Y fue a raíz de aquella firma cuando Francia y España debieron tenderse las manos... ¿Por qué no se hizo? No poca culpa tiene la ceguera de nuestros políticos en cuestiones africanas, de la escasa importancia que se nos concedió siempre de fronteras a fuera...

Acababa de nombrarse la Comisión de técnicos, que presidida por el general Jordana había de elaborar un plan franco español frente al problema africano, y comentábamos en Fez con un jefe francés la marcha de estos asuntos. Y a propósito de la colaboración me decía este jefe:

—Antes de hoy, Francia y España estaban mal dispuestas para una inteligencia, que especialmente en el terreno militar hubiese sido de una gran finalidad práctica para ambas naciones y sus respectivos protectorados. Reconozco yo mismo que en Francia estaba bastante acentuada esa falta de disposición; pero tampoco hacía falta ser un lince para adivinar que en España se correspondía cumplidamente a estos sentimientos. Y como es natural, Francia y España fueron muy divorciadas, cuando debieron ir estrechamente unidas en su obra africana. De ese divorcio han resultado estos males de ahora, tan dolorosos.

Le escucho atentamente y creo que tiene razón. Pero yo voy más allá. Yo sostengo que este alejamiento ha creado a Abd-el-Krim y lo ha hecho figura de mayor relieve. Con una estrecha inteligencia entre ambos Protectorados y sus mandos militares, el cabecilla no hubiese podido ser lo que es hoy ni se hubiese extendido la zona de rebeldía más allá de los límites precisos. Hubo un tiempo, de muchos meses, en que Abd-el-Krim hacía la guerra a los españoles manteniendo con Francia una neutralidad que le fue muy conveniente y muy práctica a los franceses, quienes, libres del problema guerrero —el más arduo y costoso—, atendían a su reorganización interior y de protectorado, a su gran obra de valorización de la hermosa zona y ricas ciudades que aquí les asignaron los Tratados —tan desdichados para España—, mientras nosotros andábamos a cintarazos con las hordas rifeñas y perdíamos oro y sangre a borbotones. Probado está que durante ese período intenso entre españoles y rifenos éstos tenían facilidades para aprovisionarse en zona francesa de elementos sin los cuales les hubiese sido más difícil el sostenimiento de tan dilatada campaña. Taurit es un símbolo de los sentimientos de hostilidad que reconoce este brillante jefe con quien hablo...

Otro jefe me dice días más tarde algo tan importante que es como la certificación de mis anteriores juicios y que yo copio literalmente: "Ahora la miseria del Rif es grande, porque nosotros les hemos cerrado las puertas." ¿Y cuánto dolor no nos hubiese ahorrado Francia si esas puertas se hubiesen cerrado antes? ¿Cuánto más útil y más humano hubiese sido entonces, no ya una estrecha colaboración, sino una cordial inteligencia, un mutuo apoyo?...

Del apartamiento incomprensible vinieron a las dos naciones estos dolores y estos reveses Ahora... Sólo queda, por lo visto, seguir restañando las heridas de los hombres que vienen del frente, herido el pecho por las hordas rifeñas, y enterrar piadosamente a los que murieron, rezando por ellos una oración como hermanos muertos bajo un mismo infortunio...

***

¿Cuál sería el alcance de la Conferencia de técnicos? Era una incógnita. Muchos periódicos echaban al vuelo las campanas del optimismo y creían firmemente que con haberse fijado en Madrid la celebración de esa Conferencia, que tanta resonancia había de tener en el concierto internacional, debíamos estar "como chicos con zapatos nuevos". Se empezaba a hacernos justicia...

Pocos periódicos dieron una nota tan serena y ecuánime como El Sol que en una editorial comentaba la labor a aquélla confiada diciendo, entre otras cosas:

"Con ser muy importante el programa de la Conferencia, puede establecerse una gradación entre sus diversos epígrafes. Así el primer tema tratado, la vigilancia marítima, por necesaria que aparezca sólo ha sido el "hors-doeuvre" con que la conferencia ha empezado para hacer boca. Establecido ese primer jalón, había de venir en seguida el tema de la vigilancia terrestre, y en la prolongación de la línea recta entre ambos, ya se descubre un punto más central. Algún periódico francés ha dado a entender su pesimismo porque la Conferencia no acomete en seguida un acuerdo de colaboración militar activa. Sosiéguense las impaciencias; tenemos cierto derecho a solicitar calma, ya que hemos pasado solos muchos malos ratos, sin compañero que ayudase. "Por todas partes se va a Roma", dice el refrán, y en Marruecos, por cualquier lado que se tire, se acaba por llegar a Tánger. Todos los problemas de la Conferencia desembocan en éste, y en realidad no serán otra cosa que sus peldaños previos. Y si todavía no se ha tocado este punto forzosamente habrá de tocarse algún día.

"Tal vez existan partidarios de una colaboración militar de los dos países. Nosotros pensamos que España no debe traspasar los límites de una coordinación más o menos estrecha. Nuestro constante esfuerzo en Marruecos nos concede el derecho de escoger por nosotros mismos los momentos oportunos y emplear los recursos en la estricta proporción de nuestras únicas necesidades. El haber aplicado en muchas ocasiones todas las energías nos autoriza a gastar alguna vez las menos posibles. Además no pueden igualarse en ciertos aspectos las situaciones de España y Francia en Marruecos. *La Época* ha señalado algunas diferencias esenciales: Marruecos es para Francia parte de un gran imperio colonial africano, la cual se basta económicamente a sí propia, mientras que el Marruecos español es la primera línea de defensa de nuestra costa mediterránea, una zona improductiva cuyos gastos gravitan todos sobre el presupuesto nacional. De estas y otras diferencias derivan naturalmente modos distintos de considerar en este aspecto la cuestión, y nos impone mil reservas, sobre todo para el porvenir, que a nadie le es dado hipotecar. El cambio operado recientemente en nuestro sistema militar marroquí demuestra, si no hubiese otras razones en pro, la conveniencia de permanecer con las manos sin ligar.

"La falta de un compromiso semejante no es síntoma para ser interpretado con pesimismo. No indica desacuerdo ni fracaso en cuestiones principales. En efecto, una colaboración semejante en un determinado memento no será tan eficaz como la acción constante de vigilancia sobre los límites marítimos y terrestres, principalmente en la zona de Tánger. Si el acuerdo actual se hubiese firmado tiempo atrás y cumplido fielmente, acaso las dos naciones protectoras ni siquiera hubieran necesitado pensar como una posible solución un compromiso de otra naturaleza.

"Sin duda la agresión rifeña a las enhilas protegidas de Francia ha situado a ésta en un punto de vista muy cercano al español. Francia ha de tener pruebas suficientes de la medida en que puede denominarse neutral a la zona tangerina, centro de donde parte la guerra contra los dos Protectorados. Pero cualquier solución será provisional si no es completa. La internacionalidad de Tánger no asegura su neutralidad; antes por el contrario, constituye la base de la tolerancia disfrutada por intrigantes y contrabandistas. Una cintura de vigilancia en torno a la zona de Tánger, por muy fuerte que sea, no daría nunca el resultado de una acción más interna, directa y única.

"Ya hay suficientes pruebas de que para ello son obstáculos la mescolanza de fuerzas y la heterogeneidad de autoridades. El internacionalismo no hace mas que neutralizar mutuamente los movimientos de las potencias europeas, a la vez que permite toda libertad a los intrigantes."

La Conferencia de técnicos, después de acordar el bloqueo marítimo por las escuadras española y francesa, trata de la colaboración terrestre. Xauen, el Lau y Alhucemas son discutidos, y de los acuerdos nada se dice oficialmente. Los hechos irán aclarando la amplitud de aquéllos.

* * *

¿Qué juicio merecerían al Mando francés los primeros acuerdos de la Conferencia de Madrid y los tanteos para una colaboración eficaz?

Punto era éste muy interesante, y para recoger impresiones sobre él los enviados de los periódicos madrileños que a última hora llegamos a reunirnos en Fez (Bejarano, de *El Liberal*; Corrochano, del *A B C*; Lezama, de *La Libertad*; Got, de *La Correspondencia de España*, y el autor, por *El Sol*) redactamos un pequeño cuestionario para entregarlo al mariscal Lyautey y suplicarle su respuesta. Como puede verse, el cuestionario tenía "miga":

"1.º En la convención franco española del 3 de octubre de 1904 y en tratado entre ambos países de noviembre de 1912 está consignado explícitamente, no en la letra, el derecho recíproco de Francia y España de pasar tropas a las zonas respectivas con carácter eventual. En las circunstancias presenta, y llegado un caso práctico, ¿podría usar Francia de ese derecho en cualquier punto de la frontera entre ambas zonas y España en la cabila internacional de Fahs (zona de Tánger)?

"2.º Siendo la autoridad del Sultán una y única en todo el Imperio y Abd-el-Krim un re beldé a esa autoridad, ¿puede acarrear complicaciones internacionales el registro, no ya la captura, en aguas jurisdiccionales de cualquiera de las zonas de buques con bandera extranjera sospechosos de contrabando?

"3.º En el caso de una paz de Abd-el-Krim con el Majzén, ¿qué garantías podrían exigirle al cabecilla rifeño para el cumplimiento de lo que se pacte?

"4.º ¿Tiene plazo marcado el acuerdo o colaboración franco española, o se afirma *sine die*?

"5.º ¿Se ha concedido al Cuerpo consular de España en la frontera argeliomarroquí iguales derechos de intervención sobre las procedencias argelinas de importación a Marruecos que las que tienen los franceses?...

"6.º En lo que dure la colaboración militar ¿habrá jefes de sus Estados Mayores respectivos agregados al Mando?

"7.º El Estatuto de Tánger ¿no podrá ser modificado en vista de la actitud hostil de Italia, Estados Unidos, Portugal y otros países?..."

No sé quién tuvo la idea de que viésemos primeramente al general De Chambrun, jefe del sector de Fez y hombre de gran ascendiente con Lyautey. El podía facilitarnos el camino y la entrevista con el mariscal...

Muy amable, nos recibe en su deliciosa residencia de Bu Yelud; pero nos encontramos con una sorpresa. De Chambrun nos somete a un interrogatorio antes de que le expresemos el objeto de nuestra visita...

—Necesito la opinión de ustedes, que representan los primeros periódicos de España. ¿Creen que la vigilancia marítima firmada en Madrid servirá para algo?...

Cada uno le da una respuesta poco segura, como de desconfianza. Y se alegra de que sea así, porque él no cree en su eficacia. Al Rif no podrá vencérsele, a su juicio, más que por las armas, en un avance simultáneo de los ejércitos español y francés sobre la frontera un mismo día y a una misma hora...

Yo digo que esto sería costosísimo, al menos para España. Francia tiene en cualquier momento cien mil soldados del Senegal y las colonias que lanzar sobre los riscos del Rif. España tiene que encuadrar su reducido ejército colonial con los batallones de soldados peninsulares, cuyo sacrificio tanta repercusión tiene en los hogares españoles. El problema varía extraordinariamente de aspecto para una y otra potencia. De aquí la dificultad de una colaboración en la intensidad que—a través de los juicios del general De Chambrun—interesa al Alto Mando francés.

—Porque si avanzamos solos—agrega De Chambrun— ¿qué pasará cuando avancemos hasta la misma frontera de los Protectorados? ¿Qué habremos conseguido empujando a los rifeños a su cubil si su cubil nos está vedado, y por lo tanto la fiera continuará con sus dientes y con sus garras?...

Pero como esto es hablar hipotéticamente, derivamos la conversación hacia el objeto de nuestra visita: el cuestionario para el mariscal Lyautey. Se lo entregamos, lo lee y sonríe escéptico... El mariscal va a contestar a muy pocas cosas...

Y en efecto, al día siguiente, cuando acudimos a la Residencia de Lyautey y cambiamos con él un saludo, nos dice muy amable "que no es partidario de hacer declaraciones de carácter político"... Sobre el mariscal hay estos días una carga abrumadora de responsabilidad sin límites. Y no está para declaraciones...

* * *

¿Por qué no cree en la eficacia del bloqueo marítimo el general De Chambrun, comandante general del norte de Fez y hombre que conoce estrechamente los pensamientos del mariscal Lyautey...? Desde que nos hizo el general esta declaración medité sobre ella.

El Rif cuenta con numeroso armamento y municiones que no fabrica. Toda la zona de disidencia posee elementos para hacer con lujo la guerra desde hace años. Terminados los botines más o menos numerosos de la zona española evacuada, ¿por dónde puede entrar este material de guerra?...

Sabemos hasta la saciedad que durante muchos meses los rifeños tuvieron medios suficientes para aprovisionarse por tierra. Tánger y Argelia fueron puntos fáciles. Tánger, albergue de aventureros, centro de intrigas y maquinaciones contra nuestra zona de protectorado—que seguirá siendo para nosotros un peligro mientras conserve otro carácter que el español—, fue el verdadero centro de contrabandeo. Por si fuesen pocas las pruebas que proporcionan nuestras oficinas de información, ahí está Tánger ahora, languideciendo desde que se inició el bloqueo de la zona internacional

En cuanto a la Argelia, hasta no hace mucho—según compruebo y confirman las autoridades francesas—"no se han cerrado a los rifeños las puertas de la zona" donde enviaban con toda tranquilidad a sus agentes para adquirir cuanto necesitaban sin que nadie les molestase... Eran por cierto aquellos días los muy difíciles del levantamiento de nuestra zona en que nuestros soldados dejaban su sangre generosa en la cuenca del Lau, en las cresterías de Xauen y Beni-Aros... Eran los días en que nuestro ejército hacía frente al pujante y general ataque a todas las posiciones, sin que nadie viniese a ofrecer un apoyo más o menos directo. Lejos de esto, en Tánger y Argelia y distintos puntos de la zona francesa el Rif tenía su base de aprovisionamiento, que de habérsele cortado hubiese hecho menos cruenta la campaña y para nosotros más fácil su dominio...

Los ferrocarriles de Argelia a Taza transportaban hombres que pronto se adentraban en el interior para engrosar las filas rifeñas. Los "auto-car" eran igualmente utilizados en el transporte de hombres y elementos que entraban al Rif por Taurirt. Todo el mundo sabe en la zona francesa—a mí me lo repiten—que todo aquello era para hacer la guerra a España; que "aquello" era la vida de muchos soldados españoles... En los zocos próximos a Fez—intervenidos por oficiales franceses que no desconocían su procedencia—se vendía armamento cogido en alguna posición española o en la lucha con nuestras tropas, o se subastaban mulos con bastes y caballos con montura, sable, etc. —cuya procedencia tampoco ofrecía duda—, dejando en libertad de acción a los moros, que traían aún las manos tintas en sangre española... ¡Y nadie hacía nada por prestar un apoyo a España ni por cortar a nuestro enemigo tales fuentes de vida!...

Hoy todavía los elementos que dentro de la zona francesa nos tienen simpatía—y son bastantes afortunadamente—nos señalan con el dedo a los que se dedicaban a tal negocio. Dan nombres y citan hechos concretos, incluso de aventureros que hicieron capital ayudando a rifenos cuando combatían a España. Quienes así obraban, quienes toleraban a sabiendas tal estado de cosas, ¿no pensaron un momento quo tal arma tenía dos filos? En efecto, las cañas se volvieron lanzas. Mientras duró la neutralidad con Francia todo iba bien. Y fue después cuando nuestros vecinos, heridos con sus propias armas, pidieron intervenir en la represión del contrabando.

El general De Chambrun no cree que el bloqueo marítimo tenga eficacia... Yo lo dudo también. Creo que embarcaciones pequeñas y rápidas pueden burlar los barcos de guerra colocándose fuera de la zona de vigilancia y meterse en la costa de noche. Sin embargo, hay que hacer justicia a nuestra Marina, que hasta la Conferencia franco española tuvo a su cargo esa vigilancia. No se crea que porque el primer acuerdo de los técnicos en Madrid fuese la vigilancia de las costas en colaboración es que la Marina española no ejerciese estrechamente esa vigilancia. No. De los barcos que han salido de puertos extranjeros con armamento y municiones se han tenido noticias y la vigilancia ha sido bastante efectiva. No ha sido tampoco muy numeroso el contrabando marítimo hecho a las costas del Rif. Hay datos según los cuales después del 21 no se han hecho más que un par de alijos importantes. Una gasolinera arribada a la playa de Axdir una noche, llevando 200 fusiles y varios millones de cartuchos. Y un aventurero inglés, el año 23, con un barquito pequeño, lograba burlar la vigilancia de nuestros barcos y meter en la costa rifeña unos quinientos fusiles y dos millones de cartuchos. Pero no consiguió esto el aventurero inglés sino después de sufrir durante diez días consecutivos una estrecha vigilancia le nuestros barcos, que no le perdieron de vista...

Por cierto que de este aventurero inglés recojo datos interesantes. A raíz de hacerse este contrabando se supo que en Axdir había una "mujer blanca**. Era una bonita inglesa, ami-guita del aventurero, a la que éste dejó en Axdir—diciendo que era su esposa—como rehén y en garantía del dinero que le habían entregado para hacer el contrabando. ¡Los hay que son fieras!...

La vigilancia se hizo bien, y se tuvo la evidencia de que el contrabando marítimo a la zona rebelde no era numeroso. Lo han podido comprobar después los franceses. No hay, pues, que mostrarse escépticos en cuanto a la vigilancia marítima. Podemos no creer que ésta resuelva el grave problema planteado por la rebeldía. Estamos conformes. Pero la vigilancia marítima tiene un buen papel y a cumplirlo tienden las armadas de las dos naciones.

¿Cómo se empezó a hacer la vigilancia al acordarse en la Conferencia de técnicos?... Los franceses destinaron a las costas africanas dos cruceros, ocho destróyers y varios guardacostas. Nosotros, dos cruceros, siete cañoneros, tres torpederos y once guardacostas. Ambas escuadras, cruzándose a diario en el litoral, maniobraban independientemente, según lo convenido. La nuestra montaba el siguiente servicio: De Ceuta o Melilla salía un cañonero para Río Martín y Afrau, regresando a su base. Dos guardacostas salían igualmente: uno que llegaba a Punta Pescadores y otro a Quilates.

El enemigo no permanecía inactivo ante esta vigilancia. Por el contrario, cuando estos barcos se acercaban a la costa eran tiroteados con fusil y cañón, especialmente a la altura de Sidi-Dris. Un día metían tres disparos de cañón al Bonifaz. Y a un destróyer francés tuvieron la desatención de hacerle catorce en los primeros días de la vigilancia. Y para reforzar de algún modo sus defensas en aquellos días llevaban los rifenos a la línea de trincheras de la playa de Axdir algunos cagones de gran alcance, procedentes en su mayoría de las posiciones francesas que asaltaron en el mes de junio...

* * *

Abd-el-Krim, vigilante de los efectos que los acuerdos franco españoles puedan tener entre las cabilas, hace circular una carta muy interesante, en la que, después de las fórmulas de salutación, les dice:

"A nuestros muy leales hermanos en lucha. (¡La bendición de Alá el Magnificente, el que da y quita la victoria, sobre ellos, y con ella, la salud!)"

Y después: "No ignoramos que nuestros enemigos (¡confundidos se vean por El, que todo lo puede!) no perdonan medio ni ocasión para sembrar la mala semilla de la desconfianza entre los "mejaznies" que defienden la buena causa de nuestra independencia y religión; sabemos bien cuáles son sus manejos para lograr que entre los buenos, entre los bravos, entre los invencibles hijos del Profeta (qué Alá les tenga siempre consigo!) nazca la duda para que en el momento decisivo se enfríe su sangre y caigan de sus manos las armas como de las de débil mujer: ¡que no siendo por malas artes su derrota es segura!

"Sabemos que harán correr entre las cabilas y harán llegar a los oídos de nuestros más valerosos partidarios la falsa noticia de haberse concertado franceses y españoles para luchar unidos en contra de los que defienden la buena causa; mentira es, como suya, envenenada y perversa (¡la ira del que todo lo pesa y mide será sobre ellos!), y ningún creyente debe prestarle oídos.

"De siempre se odiaron entre sí los hombres de los dos países; unos a otros se estorbaban para el logro y satisfacción de sus codicias, y no es posible que anide la paloma de la leal amistad donde dejó su ponzoña la envidia y la rivalidad.

"Por la gracia del Único tenemos muy buenos amigos en Francia y no nos faltan entre los españoles: unos y otros nos aseguran que nada tenemos que temer por ese lado y que jamás lucharán unidas las armas españolas y las francesas. Numerosos amigos nos aseguran que tienen fuerza suficiente para impedir que tal ocurra.

"Si, lo que no tememos, ocurriera la unión de franceses y españoles, la "Deymáa" sería convocada y no faltarían recursos a los fieles hijos del Profeta, Mejaznis de la buena causa, para oponer sus fuerzas ante el doble ataque. Pero este riesgo no es de temer. ¡Alá no abandonará en el trance supremo a sus elegidos! En caso de llegarse a este acuerdo, comprometemos nuestra palabra en consultar con arreglo a nuestros "Kanuns" la experiencia y sabiduría de cuantos nos siguen en nuestro empeño de hacer imposible la tiranía de los "rumis".

"Lucharemos en último y decisivo esfuerzo: primero contra los franceses, a los que pondremos muy pronto en situación de tener que concedernos una paz que reconozca la independencia del Rif y nos dé medios para vivir nuestra vida sin estrecheces ni esclavitudes y pagándonos lo que nos es debido por la sangre derramada y los sacrificios hechos, y una vez concertada esa paz con Francia nos volveremos contra los españoles, a los que derrotaremos con poco esfuerzo, porque su pueblo ya está decidido a no derramar más sangre inútilmente.

"Para hacerlo axial con la ayuda del infinitamente Grande y Poderoso bastará con que sigáis como hasta aquí habéis hecho. Dóciles a mi voz y ciegos ante mis órdenes y que no deis oídos a los que con la mentira en las palabras traten de equivocaros diciéndoos lo que ni hoy ni nunca puede ser verdad. Porque es de Dios nuestra causa no receléis de ella la mentira o el engaño. ¡Para los que de él viven alejados queda la palabra engañosa propia de la débil mujer y no del hombre valeroso!

"¡La confianza en el Supremo es la mitad de la victoria! ¡Que El os preserve de la astucia de Jaitan el lapidado! Y la paz.

"Axdir, Dar el Majzen de Djemaria Riffia."

La carta de Abd-el-Krim tiene un bello estilo, pero deja adivinar bien a las claras sus temores por el acuerdo franco español, que se esforzaba en presentar a las cabilas como una locura irrealizable.

LAS EVACUACIONES DE HERIDOS.
— SKER.
— DATOS CURIOSOS.
— LALA AIAICHA

Entre los servicios que el ejército francés de operaciones tiene mejor atendidos figura la evacuación rápida de los heridos graves desde el campo de operaciones a los hospitales con condiciones para curas difíciles. El transporte de estos heridos se hace en aviones sanitarios, y estos días, que a consecuencia de los choques violentos con las harcas enemigas hubo un crecido número de bajas han prestado valiosísimos servicios, haciendo las evacuaciones desde las columnas a los hospitales de Fez, Mequínez y Rabat. Esta rapidez en la evacuación ha permitido en muchos casos salvar la vida de algunos heridos.

Ante este rápido servicio de evacuación viene a mi mente la visión de otras evacuaciones hechas en nuestra zona de manera primitiva, en períodos de durísimas luchas, donde nuestro ejército de operaciones prodigó también su sangre. Eran los días de lucha titánica de Beni-Aros, en que los nuestros no sólo habían de luchar con un enemigo tenaz, sino con un terreno endiablado. Caían los hombres, herido el pecho por las balas enemigas, y su evacuación en muchas ocasiones—muchas por desgracia —era una obra que requería horas interminables, dolores sin cuento... Primeramente los camilleros recogían al herido, y por entre jaras y breñales, saltando de risco en risco, era transportado a un puesto de socorro donde no se hacía más que prestarle un auxilio elemental—una ligadura, un vendaje—, y la peregrinación seguía a veces durante varias horas en camillas o en artola hasta hallar los carros-ambulancias o camiones. En estas horas de ajetreo los heridos más graves o empeoraban o morían en angustiosa agonía.

Una hora que se adelante la intervención de un herido en un quirófano bien preparado puede ser la salvación de una vida. Por eso es grato ver la atención que se concede a estos heridos, sin distinción de raza ni color, pues denota una elevada y constante preocupación por la vida de los combatientes, a quienes lo menos que puede ofrecerse es esto: la esperanza de que por todos los medios ha de intentarse salvarles si tienen la desgracia de caer en la lucha.

* * *

Hago estas observaciones camino de Taunat, en el campo de aterrizaje de Ain Aixa, cuando acompañado del comandante Getten, de Estado Mayor, me dirijo a aquella posición para presenciar la evacuación de Sker, uno de los pocos puestos que fines de junio quedan a los franceses en la orilla izquierda del Uarga.

La evacuación de Sker fue emocionante.

Pasamos por Ain Aixa y seguimos a Taunat aguantando algunos tiros. Aumentaban estos días las infiltraciones rebeldes entre Ain Aixa y Ain Mediuna.

Llegamos sin novedad a Taunat, donde se habían concentrado las fuerzas del grupo Freyndemberg, que había de apoyar la evacuación de Sker. En la posición se tenían malos augurios sobre la suerte de dicho puesto. "Ha debido caer ya en poder de los rifenos—me dicen—. No se ve a nadie."

En efecto, nada en el puesto da señales de vida. Lo tenemos frente a Taunat, a unos cinco kilómetros al Norte. Al Oeste, el Yebel Astar, donde existía otro puesto que sucumbió también, y cuyo crestón rocoso han ocupado la víspera dos batallones para proteger la evacuación de Sker.

Pero la primera impresión es que no va a hacerse la operación. Por más que saetean el puesto gemelos y catalejos nada se ve en él. Los de Taunat aseguran que la noche anterior habían visto salir en desbandada la guarnición... Freyndemberg no oculta su contrariedad, ¡Sker, asaltado precisamente la víspera del socorro! Sobre la columna la inquietud es manifiesta, y sus consecuencias en el ánimo de la tropa, deprimente. El jefe de la columna ordena que la aviación haga una exploración sobre Sker y dé informes... Se espera un buen rato.

Más de pronto viene hacia Taunat cogiendo, desencajado, deshecho, con el cuerpo ensangrentado, casi desnudo, un muchachote que rápidamente gana la pista que da acceso a la posición. Todos acuden a socorrerle. Nos mira con ojos desencajados, como presa de una visión terrible, de pesadilla, y finalmente cuenta su odisea en medio de un silencio solemne:

"Soy el brigadier Gabriel París, del setenta y tres regimiento de Artillería. Vengo de Sker, es decir, de sus alrededores. El puesto hubo que abandonarlo ayer, a las cuatro. No nos podíamos sostener ni un minuto más. Estábamos sitiados desde abril y sin agua hace unos días. Las municiones se habían acabado, y el enemigo nos había colocado un cañón cerca de Bu Rudud, causándonos bajas. El teniente Faure, que está herido, nos dio la orden de salir de Sker como pudiésemos. Unos pudimos alcanzar un blocao al sur de Sker, otros se dirigieron más al Sur, otros cayeron bajo el fuego enemigo... Yo, deslizándome entre los zarzales y esperando la noche, he podido llegar hasta ustedes. ¡Vayan a socorrer a mis compañeros o dudo que encuentren a alguno!..."

El coronel Freyndemberg no escucha más, y ordena que la operación planeada empiece. Cubierto el flanco izquierdo por los batallones que ocupan desde la víspera el balcón de Astar, otros dos batallones avanzan para proteger el flanco derecho, mientras aviación y artillería hacen una amplia preparación. Los batallones van avanzando por los senderos hacia la colina de Ueld Srá, mientras los obuses de Taunat van clavando sus proyectiles en los bosques, donde el enemigo acecha el paso de las tropas, arrasando los árboles... Nubes enormes de piedras y tierra se elevan en abanico hacia el cielo para caer por los lomos de las colinas, haciendo huir en desbandada al enemigo... Por el centro inicia el avance el resto de la columna, y pronto llega a la altura del blocao, donde están refugiados los restos de la guarnición de Sker.

Y se inicia la evacuación. Los primeros en salir son los heridos, que piden agua con ansia desesperada.

Desnudos, harapientos, pero cubiertos de gloria, después de los cuarenta días de asedio llegan los restos de la guarnición de Sker. Unos minutos después la evacuación ha terminado, y se inicia el repliegue de la columna hacia Taunat, sosteniendo combate continuado, pues el enemigo viene a entorpecer el repliegue.

De pronto brilla en el espacio un cohete. Es la señal convenida por la columna para indicar a la artillería de Taunat y a la aviación que la evacuación había terminado. Y entonces los fuegos de las baterías y aeroplanos se concentran sobre el puesto de Sker. Es atronador el duelo de las bombas abriendo sus vientres de fuego sobre el pequeño puesto y sus alrededores. Y Sker desaparece entre olas de humo y llamas...

* * *

Tengo el gusto de conocer en zona francesa al enviado especial de Chicago Tribune, que dice haber visto a Abd-el-Krim y haber hablado con él sobre sus primeros éxitos en la lucha con los franceses. Aunque algo exagerados—como datos facilitados por el propio cabecilla Abd-el-Krim, dice que el 9 de junio los rifenos cogieron 350 prisioneros franceses, tres oficiales entre ellos; ocho cañones Schneider, modelo 1918; seis baterías de mortero de trinchera, varios cientos de ametralladoras, más de mil fusiles, innumerable cantidad de granadas de mano, gran cantidad de municiones, teléfonos y tres aeroplanos. Los aeroplanos fueron cogidos en el campo de aviación establecido en las proximidades de Ain Mediuna. Los aparatos que cayeron en poder de los rifenos fueron quemados por éstos, pues no saben utilizarlos.

Abd-el-Krim le habló también de la conquista de Bibane el 11 de junio, acaso la más dura jornada de toda esta campaña.

Confiesan los rifenos que tuvieron más de 400 muertos; pero que la guarnición entera de Bibane pereció en su mayor parte, siendo hecha prisionera el resto.

Poco después de Bibane conquistaron los rifeños el mayor de los puestos avanzados franceses, el de Ain Mediuna, donde fueron hechos también numerosos prisioneros. Otros pequeños puestos, Gara Meziat entre ellos, los tomaron después rápidamente, aumentando de modo considerable los prisioneros y cogiendo gran cantidad de material de guerra.

El enviado de Chicago Tribune cuenta haber visto en el Rif los depósitos de armamento de Abd-el-Krim. Vio en ellos cientos de fusiles franceses, miles de paquetes de municiones francesas para estos fusiles, ametralladoras y cañones capturados en el Uarga.

Entre otros datos recogidos allí dice que los rifenos, en esta lucha nunca han pasado de 15.000 hombres; estas tropas rifeñas se relevan cada cinco días.

Abd-el-Krim le dijo que prefieren sus hombres luchar con los franceses a luchar con los españoles. Aunque los franceses tienen un excelente plantel de oficiales—dice—, sus soldados se desmoralizan fácilmente. Se entregan en cuanto mueren sus oficiales. Así es que son éstos el principal objetivo de los tiradores rifeños. En cambio, los españoles tienen soldados muy valientes y luchan denodadamente, tomando iniciativas propias cuando son muertos sus oficiales.

Le confesó Abd-el-Krim que continúa haciendo una activa propaganda entre las tribus marroquíes contra los franceses, y que la propaganda la comenzó mucho antes de que se rompiesen las hostilidades.

Como le preguntase a uno de los hombres de confianza de Abd-el-Krim, que le acompañó a ver los depósitos de municiones, por qué luchaban, le contestó:

— ¿Por qué no hemos de pelear? El Rif es pobrísimo. Desde que luchamos nos hemos enriquecido.

¿Por qué no luchar?... No es, pues, un sentimiento patriótico el que les anima, sino un deseo de botín y la esperanza de poder cotizar su esfuerzo actual.

He aquí acaso todo el sueño de dominio del envanecido Abd-el-Krim...

El Sultán Muley Yusef, en una carta que dirige a todas las cabilas de su Imperio, dice, invocando estas palabras de Mahoma: "La anarquía duerme. Desventurado del que despierte la anarquía."

Mahoma no conocería hoy a su pueblo. En Marruecos la anarquía no duerme: vela constantemente.

El Imperio, en su mayoría, aparte las ciudades, están en anarquía perpetua. Sólo le faltaban extrañas ingerencias para darle este nerviosismo que fomenta hoy el deseo constante del botín.

Hoy las cabilas sólo sueñan con el botín. Por esto creo que no merece garantía alguna una paz con Abd-el-Krim; aunque éste, para explotar el fanatismo de su gente y tomar entre ellos mayor ascendiente, busque en el Corán y en Mahoma por ende, sus mejores colaboradores. Aparte su desmedida ambición personal, Abd-el-Krim se ve obligado en parte a mantener la guerra para que muchas tribus que perdieron el hábito del trabajo vivan del saqueo de las tribus ricas y del botín de guerra, que, por la cantidad de posiciones que van cayendo en su poder o son abandonadas por las tropas francesas, es abundante.

* * *

Un moro que ha estado en Beni-Bufrah me confirma nuevamente la muerte del famoso cherif Raisuni, prisionero de Abd-el-Krim. Y a mi mente acude la figura de Laila Aiacha, la última favorita del "Señor de la Montaña", a la que Mr. Shenan suponía "con dos trenzas de pelo negrísimo, tan hermosas, que dos esclavas se las llevaban cogidas cuando paseaba por los jardines de Tazarut"... ¿Qué habrá sido do la bella muchacha—una niña todavía—entre las hordas rifeñas?

Triste fin, sin la apoteosis de maravilla que soñara, ha tenido el codicioso y despótico cherif, que tanto luchó por brillar en el cielo africano como estrella de primera magnitud. Su vida de agitación estuvo llena de episodios sorprendentes y grandes alternativas... De Arcila a Zinat Luego a Tazarut y de Tazarut al Buhasen, la montaña brava, como un águila hacia las cumbres... Luego, un nuevo y efímero período de poder en Tazarut, acaso cuando más apagado estaba el brillo de su buena estrella...

Y durante él, como un bello y delicado regalo de Sultán, Laila Aiaicha, la última favorita, flor quebradiza entre las manos gruesas y toscas que tan bien supieron manejar la gumía y el mensaje cancilleresco... Y más tarde, Ja caída de Tazarut y la odisea a un obscuro rincón del Rif, llevado en andas como un rey de opereta, prisionero de Abd-el-Krim. Y su muerte allí, cuando sólo quedaba de él en España un estro doloroso. Ocaso silencioso, obscuro, triste... "El Águila de Zinat" quería morir en un palacio de maravilla, lleno de luz y de bellas esclavas, a cuya puerta sus mejores guardianes negros contuviesen a todo el Islam—que debía acudir a acompañarle en sus últimos momentos—, pidiendo a Alá el paraíso para su señor... Y oír hasta los últimos instantes la voz de los tullidos, los mutilados y los ciegos que dejó así su justicia despótica, y que a la puerta de su palacio repetirían siempre: "¡Así me veo por la justicia de mi señor Mohamed Raisuni!" Pero ha muerto olvidado, y de su muerte queda sólo esta silueta bella y delicada de Laila Aiaicha, la última favorita...

EL AIT-EL-KEVIR EN FEZ.
—NO VIENE ABD-EL-KRIM...LOS ATAQUES A TAZA.
— EN EL ADUAR DE EL MOKADEN.
— LA EVACUACIÓN DE TAZA

La llegada de la Pascua del Aid-el-Kevir se esperaba en Fez con un poco de emoción. ¿A qué negarlo? Sobre los ánimos gravitaba desde unos días antes el anuncio de Abd-el-Krim de que esta pascua había de pasarla en Fez. ¿Lo cumpliría? El ataque al Arbaa de Tiza, que anunció previamente, se había cumplido... ¿Se cumpliría también la nueva amenaza?... Las mismas autoridades francesas participaban igualmente de este temor. Lo decían bien a las claras las medidas adoptadas: el refuerzo hecho en la artillería de la plaza, la llegada interrumpida de fuerzas, algunas de las cuales quedaron acampadas en los alrededores de Fez...

Pero, sin embargo, la duda quedó desvanecida, incumplidos los presagios. La ciudad de Muley Idris se quitó un peso de encima al ver transcurrir con tranquilidad la fiesta de Aid-el-Kevir—la más grande del año musulmán—, durante la cual se perdonan y reconcilian mutuamente los buenos creyentes. La ciudad suspiró satisfecha y tuvo una sonrisa de desdén para el enfatuado cabecilla. Diríase que se sintió defraudada, como si, hecho el ánimo, esperase como cosa fatal el galope frenético de las harcas montadas por las llanuras que circundan Fez y las descargas de los fusiles enemigos, como en aquellas sangrientas jornadas del 911 y 12, cuando agonizaba el reinado de Muley Haffid... Mas no ocurrió nada.

Por el contrario, Su Majestad Imperial Muley Yusef El Alaui compensó a la ciudad de te decepción sufrida con ocasión de su arribo a Fez en automóvil: fue a la Mesala—donde había de tener lugar el sacrificio del cordero, según costumbre—a caballo, precedido de negros esclavos que llevaban largas lanzas como abriendo marcha, y quitaban las moscas al caballo imperial con grandes pañuelos de seda. Puso sobre la muchedumbre su nota típica el rojo parasol de los Sultanes, bajo el cual iba, sereno en apariencia, el príncipe de los creyentes, camino de la Mesala. Seguíanle mil jinetes y centenares de cabileños de los alrededores de Fez y moros de la ciudad, que celebraron con júbilo creciente esta solemne festividad musulmana. Es más: bien organizada por los franceses y preparada la fiesta, acompañaron al Sultán a la Mesala numerosos caídes de prestigio de todo Marruecos No faltó ni el "mendoub" de Tánger—allí presente mientras Tánger protestaba unánime d-.». su Estatuto—, ni grandes caídes del Sur, entre los que se contaba el famoso M'tugui.

Los caídes saludábanse con interminables zalemas, invocando a Alá, y con ose vivo interés de quienes no se han visto durante mucho tiempo y tienen cosas muy interesantes que decirse. Une a todos los buenos musulmanes este día grande, y se olvida todo para consagrarse a la oración. Mañana...

... Parte la enorme caravana hacia la Mesa-la, donde ha de sacrificarse el cordero. El espectáculo de la comitiva es pintoresco. Entre la larga comitiva que sigue en tropel a Muley Yusef no falta la caravana de camellos. Son gentes de la región del Dra. que han venido a traer ricos presentes para el Sultán. La figura de los camellos adquiere aquí, armonizando con las chilabas policromas y sobre el paisaje—mezquitas, alguna palmera—, todo su prestigio de estampa...

La caravana llega a la Mesala. Las "nubas" de las cofradías, las trompetas de la Guardia Imperial se dejan oír en un concierto ensordecedor que domina el ululeo de la muchedumbre... La ceremonia empieza... Y el carnero es degollado. Rápidamente, en carrera vertiginosa, regando el trayecto un chorro de sangre que se pierde en el suelo ardiente, es llevado a la gran mezquita. ¡El carnero llega vivo!... El año será abundante y próspero. Los musulmanes son felices. Y se desborda el entusiasmo. ¡"Alá sobre el príncipe de los creyentes! ¡La paz sobre nuestro señor Muley Yusef El Alaui!"

Y seguido del pueblo, que acrece durante el día sus explosiones de entusiasmo, Muley Yusef vuelve a su palacio, el mismo palacio en que Abd-el-Krim soñara estar este día venturoso...

El carnero sacrificado llegó vivo a la gran mezquita. Y Fez, al transcurrir el día señalado para el ataque del jefecillo beniurriaguel sin que corriese en la ciudad más sangre que la de la víctima del rito, ha suspirado tranquilo. El año será bueno...

* * *

Sin embargo, a primeros de julio la situación se agrava. Los aldabonazos enemigos suenan por la parte de Taza.

Estoy en Rabat el 5 de julio, cuando el Alto Mando da órdenes de que se evacué la población femenina de esta población. ¿Qué sucede?...

Me preparo para trasladarme a Fez y seguir el viaje a fin de recoger impresiones directas de los sucesos en aquella ciudad, si no me ponen inconvenientes. Hasta Fez hago el viaje en unión de otros colegas. Son las nueve de la mañana cuando ganamos la carretera de Mequinez, y el sol cae ya sobre estos campos con una fuerza abrumadora. Nos proponemos hacer en seis horas el camino que nos separa de Fez; y para realizar el viaje con más soltura llevamos la merienda, a fin de hacer alto en el paraje que más nos agrade.

Atravesamos la Mamora, cuyo extenso bosque están cruzando los franceses con un nuevo ferrocarril; y antes de llegar a Mequinez hallamos, al fin, una pequeña huerta, próxima a un aduar, que nos ofrecía la sombra protectora de unos árboles—después de muchos kilómetros de terreno pelado—y el rumor leve de un riachuelo próximo. Paramos el auto, y al cesar el leve airecillo que nos proporcionaba la velocidad el calor es aplastante.

En seguida pregunto a un moro si podemos bajar a la huerta a almorzar. Le ofrezco unas monedas, al enterarme que es el guarda, y nos autoriza.

La merienda es transportada con rapidez bajo los árboles; y a poco henos sentados a la sombra, comiendo con fruición un frugal almuerzo.

El lugar es delicioso. En un montículo próximo está el aduar. Es el aduar de El Mokaden. El pequeño río discurre entre unas huertas pequeñas. El agua es clara y fresca, y en algunos remansos llenan sus cántaros como ánforas unas pobres moras sucias, que enseñan, a pesar de sus harapos, entre las mugrientas vestiduras, ajorcas de plata labradas en la judería de Mequinez. Un mozalbete desarrapado da de beber en el río a un borriquillo enano y entona una canción árabe que tiene ecos inconfundibles de cante flamenco.

Una palmera abre su gracioso abanico sobre el fondo azul del cielo. Y sobre una pequeña "jaima", donde hizo su nido, una cigüeña recorta su ágil silueta...

Una mora, sentada sobre una piedra enorme, bajo el sol de fuego, trilla un puñado de trigo golpeándolo con una maza. La observo. Es morena, con una morenez de pan de zaina tostado. De su rostro, terroso y demacrado, donde aparecen como flores exóticas verdosos tatuajes, se destacan sólo, con una nitidez de marfil, los dientes perfectos, insolentes. De las orejas le penden unos enormes aros de plata moruna, con grandes piedras rojas y verdes, y entre el pelo le asoman dos trenzas de lana con hilitos dorados.

Su cuerpo, delgado y moreno, está mal cubierto hasta mitad de la espalda por el sucio jaique. Y por delante, al golpear el trigo con la maza, le oscilan—fofos, como muertos—los dos pechos disformes, que va cubriendo el polvillo amarillento del trigo. Mientras, el marido está bajo un árbol fumando su "kife" con otros hombres del aduar...

¡Pobres moras, para quienes aún la civilización no ha tenido un rasgo de piedad!...

Como me temía, pronto se acercan a nosotros unos moros, atraídos por la curiosidad. Dos se quedan a distancia, en la carretera, junto al automóvil. El otro baja a la huerta a unirse al guarda, cuando ve que éste recibe unas monedas de plata. Entablo con ellos conversación, y les ofrezco un poco de comida.

Aceptan el pan, un trozo de pato fiambre y las aceitunas. El salchichón, por tener "jalluf", no lo quieren.

Y ganada la confianza, contentos de hablar en la cabila con un europeo, procuro sacarles algunas impresiones y noticias. Se prestan a ello con más confianza cuando saben que somos españoles. Les temen a los franceses. Estos moros tienen noticias de todo, y con una rapidez increíble. Se van transmitiendo las noticias de unos a otros, por los zocos y las cabilas, y en breves días recorren todo el Imperio. Ya saben aquí las posiciones francesas que han caído en Uazan en poder del enemigo. También saben algo de lo de Taza. Lo más curioso, y da sensación del estado de ánimo de estas cabilas, es que al hablarles del Sultán me hablan ellos seguidamente de Abd-el-Krim.

— ¿Qué tal por aquí la fiesta de Aid-el-Kevir? —les pregunto—. ¿No habéis ido a Fez a ver al Sultán?...

—No. Aquí lo pasamos regular. Nos dicen que no fue Abd-el-Krim a Fez.

Es curioso que invoquen la figura del cabecilla seguidamente. Indudablemente sienten simpatía por el éxito que viene teniendo en su lucha contra los cristianos.

Les pregunto si en la región (Mequinez) hay tranquilidad y si ellos han recibido esas cartas que dicen que Abd-el-Krim sigue mandando a las cabilas. Me dicen rápidamente que no; que aunque saben que las cabilas más al norte de la región las reciben, ellos no han tenido ninguna. Al menos, el caid nada les ha dicho. Y que viven en paz de su trabajo...

Les pregunto entonces qué importancia tiene la recluta de harcas ordenada por el Sultán entre las cabilas sometidas para pelear contra los rebeldes. Me dicen que la recluta es obligatoria, y que cada caid tiene que dar los hombres que se le ordenan. Pero que no dan ni uno más, pues no hay voluntarios. Por eso la recluta se viene haciendo con muchas dificultades y es poco numerosa. No parece que ha sido bien acogida por las cabilas pacíficas la tributación de estas "idalas" para las harcas del Majzén. Por el contrario, piensan que el vivir sometidas al Majzén y soportar todos sus tributos les da derecho a vivir en paz. Y que el Majzén, con la nación protectora, debe tener medios de combatir la rebeldía con sus ejércitos...

Cuando hemos terminado el almuerzo reanudamos la marcha para Fez. Canta aún el morillo junto al riachuelo de cristal su *kasida* amorosa. Y al filo de la carretera, despidiéndonos cariñosamente, dejamos a los moros, que nos contemplan un rato todavía, hasta que nos pierden de vista, acaso para siempre, en una revuelta del camino...

* * *

Fez. La situación durante mi breve ausencia no ha variado mucho.

Una columna de caballería está acampada en las inmediaciones de la barriada europea, frente al gran llano que separa Fez de la montaña, de donde puede venir la agresión. Hain Aixa está incomunicado frecuentemente. El campamento es tiroteado y le hacen bajas casi a diario. El Abra de Tiza ha sido atacado de nuevo. Un avión que volaba sobre las inmediaciones fue abatido por unas descargas enemigas. Un núcleo de zuavos que al mando de un oficial hacían una marcha al sur de Ain Aixa fue violentamente atacado, con grandes pérdidas. También fue atacado el puesto de Sidi Abdalá. Del frente llegaron 400 heridos, que ingresaron en los hospitales de Fez, previamente desalojados, pues se hacen en gran escala las evacuaciones a todo el Marruecos francés y a Francia... Del hermano de Abd-el-Krim se sabe que está situado en Sker con una fuerte harca. ¿Cuáles son sus propósitos?... De Abd-el-Krim se sabe que ha escrito a algunos indígenas significados de Fez reiterándoles sus propósitos de entrar en la bella ciudad idrisita... Un moro prestigioso de Fez, El Uadrani, a quien un caid de Abd-el-Krim había escrito una carta dándole cuenta do los últimos éxitos que habían tenido sobre los franceses, ha sido encarcelado.

Mi confidente en Fez me habla asombrado de este asunto, en voz muy baja, tomando grandes precauciones para comunicarme sus impresiones:

—Uadrani es riquísimo y ha ofrecido tres millones por su libertad, que todavía no le han concedido. A los franceses les ha dicho que él no estaba en inteligencia con el caid de Abd-el-Krim, sino que de antiguo le conocía, y por esto le había escrito. Lo cierto es que el poderoso Uadrani está en la cárcel como cualquier vulgar traidorzuelo...

* * *

Antes de salir de Fez para continuar a Taza pulso aún el estado de ánimo de la encantadora ciudad idrisita.

Fez conserva una fisonomía tranquila. Las noticias alarmantes de los combates tenidos a lo largo de todo el frente, la pérdida de las posiciones de Bu-Halima y Rihana con abundante material, ocho cañones y once ametralladoras; la situación de Taza, cuyas cabilas limítrofes empiezan a agitarse de manera poco tranquilizadora, todo, en fin, parece, en apariencia, que no hace mella en Fez. Al menos, de labios afuera. La gente habla poco, y lo que habla es en voz baja. Todo parece a tono con las disposiciones del Mando para ocultar en lo posible el ruido y la visión de la guerra. Del frente vienen todas las noches a Fez camiones con heridos, que descargan a la puerta del Hospital Aubert y salen por las afueras para no levantar sospechas ni rumores alarmantes.

Y sin embargo de todas estas medidas, se sabe que cada día son más frecuentes los ataques nocturnos al Arbaa de Tiza, antesala de Fez, y que Abd-el-Krim ha reiterado sus propósitos de entrar en la ciudad de Muley Idris. Se saben otros detalles interesantes: todos los puestos del este de Uazan y norte de Fez eran atacados en las noches del 12 y 13, como obedeciendo a una orden general. El hermano de Abd-el-Krim se ha trasladado al macizo de Ouertzagh—que tomaron a los franceses por asalto con ocasión del levantamiento—, y allí tiene concentrada una fuerte harca, realizando trabajos de atrincheramiento y defensa con toda actividad en las posiciones que estiman más convenientes para oponerse a una ofensiva francesa, caso de que ésta tenga lugar. El caid de Llad Aud—también se sabe en Fez; —ha pedido socorro urgente a las autoridades militares. El enemigo le ataca briosamente y se encuentra sin elementos para contener a su gente, que es uno de los pocos poblados afectos que quedan en Hayaina. Y anuncia que como no se le envíen tropas en brevísimo plazo tendría que unirse con sus hombres a la rebeldía. Dos batallones se le mandan. Afortunadamente siguen llegando tropas procedentes del Ruhr. También se conoce el ataque a una compañía de soldados de la metrópoli, que ha sido deshecha, quedando en poder del enemigo con numerosos fusiles y dos ametralladoras...

Aunque con retraso de unos días, se sabe también que una reunión de notables determinó el nombramiento de una Comisión, compuesta de un vecino de Fez, otro de Taza, uno de Mequinez y otro de Kenitra, cuya Comisión, que estudió la gravedad de la situación y la poca seguridad de Fez, marchó a Francia, aconsejada por jefes militares, para pedir a Painlevé el envío de refuerzos para hacer frente a los acontecimientos... De todas estas cosas, en muy buena fuente, puedo enterarme gracias a ese ángel protector que ayuda al periodista en muchas ocasiones. Porque el Mando no d? más noticias que las que facilita en las notas oficiosas.

Y sin embargo de todo esto, Fez conserva aún a mediados de julio una aparente tranquilidad, muy confortadora para el que llega de fuera. Por si no había suficiente con dos *dancing,* se abre un *Jardin d'été* con el apoyo oficial, ¡que facilita los jardines públicos de la ciudad! En torno a los oficiales que vienen del frente unas horas mariposean numerosas entretenidas, pocas parisinas, oranesas en su mayoría, con vaporosísimas *toilettes* y mucho carmín en los labios, como corazoncitos de baraja francesa.

Y el *Jardín d'été*, al pie mismo de las murallas que alzaran los Sultanes para defender a Fez de las invasiones, todas las noches se llena de luz y de risas frívolas, de chasquidos de *jazz* y de taponazos de champaña, mientras llegan silenciosamente del frente los camiones de heridos y los trenes de tropas...

Nadie diría que no hace dos semanas, pasado el Aid-el-Kevir, el Estado Mayor francés se había reunido para cambiar impresiones sobre la conveniencia de evacuar la población civil de Fez... Nadie diría tampoco que se ha recurrido a hacer una recogida de cabileños del Sur para traerlos al norte de Fez y cortar en lo que sea posible las infiltraciones enemigas, cada día más profundas... El ruido del *jazz band* y las risas de las *cocots* pueblan de una alegría de opereta los jardines de Fez, convertidos en *cabaret,* y la guerra parece tomar así, para los que nos ocupamos de seguir su curso, un tono sórdido, que no es piadoso siquiera, y nos da la sensación de que sobre sus víctimas sangrantes han querido poner una gasa de lentejuelas deslumbradoras.

Las coronas de laurel han sido substituidas por collares rientes, y las plegarias han sido reemplazadas por las risas de a cien francos...

Hay un fuerte contraste en el mismo jardín municipal de Fez. Sobre este *Jardín d'été*, restaurante elegante y *dancing,* hay un amplio café moro, donde sirven un riquísimo te, como hecho con aromosas plantas orientales. Bajo los árboles, unos cañizos que dan más recato al lugar. Y una orquesta mora—laúdes y atabales— y unos cantores árabes entonan *kasidas* amorosas, llenas de melancólica dulzura, como impregnadas de suspiros y de ansias. Ecos tristes de pasión y olvido, de amar y no ser correspondidos, de querer ser estrella y cielo y añorar días idos de esplendor y grandeza...

Yo subo al te moro. Está casi encima—aunque separado por una masa de arboleda—del *Jardín d'été*. Los moros aristócratas de Fez, elegantes, severos, vistiendo pulcras chilabas, que les dan una prestancia señorial, vienen a ver el atardecer. Están sentados, vueltos de espaldas al *Jardín d'été*, donde ya han encendido las luces de colores que enjoyan los árboles como frutecidos de pomas maravillosas. Los moros contemplan la colina suave que se extiende frente a ellos, ya cubierta por una dulce luz de crepúsculo. Admiran el paisaje una hora y otra, extáticos, como saboreando la belleza infinita de la

Naturaleza. Aquí vienen todos los días a contemplar cómo muere el día en esta lenta agonía, plena de matices suaves, que es para ellos el más grandioso espectáculo. No parece importarles el ruido que a sus espaldas, en la hoyada luminosa del *cabaret*, pone la civilización con sus ruidos alocados. El mundo para ellos parece estar aquí en este crepúsculo apacible, que va vistiendo de sombras los árboles de la colina fronteriza, y en esta *kasida* árabe, amorosa y tierna, como un quejido de mujer enamorada... El mundo está acaso para ellos en esos montes, cuya silueta ya desdibuja la noche, por donde vienen luchando los que se rebelaron contra la invasión y sueñan para el Islam las más grandes glorias.

El día expira sin que estos moros hayan perdido un matiz del cielo desde que el sol empezó a ocultarse, como si asistiesen al más sagrado rito. Abajo sigue el escándalo de la civilización, las risas de estudiada polifonía y las musiquillas frívolas. Los moros, silenciosamente, despreciando la alegría ruidosa del cabaret, recogidos en su aristocracia, van abandonando el jardín. Salen majestuosamente, con su *lebda* bajo el brazo, serios, severos, pensativos... Acaso piensan en el día de mañana, en ese mañana tan incierto aquí, donde nos siguen acechando las sorpresas.

Y el contraste de estos dos pedazos del jardín de Fez me ha hecho reflexionar unas horas...

* * *

Salgo para Taza el 18 de julio, precisamente cuando hay en Fez impresiones más pesimistas sobre la situación de aquella ciudad vecina. Los ataques a los puestos del Norte no cesan. Los realiza el enemigo por la noche, para evitar así la acción de los aeroplanos y fatigar mejor a las guarniciones de los puestos. La mayor parte del enemigo que ataca en la región de Taza lo forman las gentes de Branes y disidentes de Tsul.

La rebeldía de estas dos cabilas al Norte y las disidencias apuntadas en Ríata y Beni-Uarain al Sur, constituyen la amenaza de una posible estrangulación de las comunicaciones con Argelia y un serio peligro para Taza. Y como no ha variado el estado de ánimo de las cabilas, la situación es muy crítica cuando realizo este viaje.

Sin embargo, observo tranquilidad en el camino. Es decir, se observa el movimiento natural de una guerra a no muchos kilómetros: camiones militares con material de guerra, grupos aislados de fuerzas, etc.

A unos cuantos kilómetros de Fez dejo a la izquierda la bifurcación de la pista que va al Arbaa de Tiza y Ain Aixa. En este cruce de caminos me entero de que el enemigo, chupando puntos dominantes de la pista entre Arbaa de Tiza y Ain Aixa, ha hecho zanjas en ella, algunas de siete metros de profundidad, impidiendo el paso de los convoyes, por cuyo motivo es preciso hacer un esfuerzo para avituallar Ain Aixa, Taunat y Ain Matuf, esta última posición violentamente atacada y en inminente peligro. Al efecto los franceses organizan una operación muy importante, en la que tomarán parte seis batallones (tres de ellos traídos del Oeste rápidamente), caballería, artillería y aviación. La columna intentará llegar a Ain Aixa, esperándose que el combate sea muy duro.

¿Lograrán los franceses detener este avance lento, pero seguro, de la rebelión sobre las comunicaciones Taza-Fez y las ciudades mismas? Tendrán que darse prisa a tomar iniciativas...

El camino de Taza es bastante accidentado, especialmente desde que se deja la pista de Arbaa de Tiza. Pero no se ven posiciones... Los aviones, por la mañana, recorren en exploración estas alturas, por entre las cuales serpea la carretera. La circulación está muy limitada. Porque el Mando conoce bien que no es prudente mantenerla en la amplitud de horas que antes del levantamiento.

Paso por la pequeña estación del tren militar en Sidi Yelil, centro agrícola de la región, y más tarde por la de Sidi Abdelá, ya más importante. El tren, casi siempre unido a la carretera, cruza en algunos sitios terreno muy difícil, teniendo un trazado atrevido para salvar las pendientes. No es extraño que se tarden ocho horas en ir de Fez a Taza en este pequeño ferrocarril, casi en uso exclusivo de los militares, para el numeroso transporte de elementos de combate.

Durante una breve parada en Sidi Abdelá pregunto a unos moros por la situación. Me dicen que parece haber mejorado algo; pero que el hecho de tener próxima la posición de Maza-gran les hizo temer que el enemigo viniese a atacarla, como está haciendo con todas. Ellos creen que, a pesar de todo, el peligro continúa. Y desconfían. Un ataque a la posición significaría la inmediata incomunicación con Fez, que es lo que parece preparar el enemigo.

Sigo para Taza. De la tierra sale fuego; con tal brío cae el sol sobre estos montes. Algo lejano, se oye bombardeo. Deben de ser las tropas del Norte y posiciones que cañonean al enemigo.

A las once llego a Taza. La estación parece que no existe mas que parí* la guerra: tal es la cantidad de elementos que hay acumulados en ella: cajas de municiones, cañones, vituallas, ganado, tiendas de campaña... La estación da la sensación de una gran factoría militar. Soldados, senegaleses en su mayoría, trajinan, cargan carros y camiones, van y vienen. Los oficiales se hacen cargo de lo que corresponde a sus unidades, pertenecientes al grupo móvil del coronel Cambay, jefe de la columna de Taza.

Taza no es una ciudad realmente importante. Su importancia es estratégica, por el dominio que tiene sobre el camino de Argelia a Fez, vértice puede decirse de estas comunicaciones. Justifica esto los fuertes que coronan las montañas que dominan carretera y ferrocarril y aseguran la ciudad. Estos fuertes los han artillado y reforzado con más tropas.

La ciudad está dividida: en la parte más alta, el barrio moro; luego, el campo militar, y más abajo, aislado del barrio moro—como han hecho en todas las ciudades del Marruecos francés—, la *ville nouvelle*. Cerca, discurre el Uad Taza...

En Taza fijó su corte el primer Sultán Filali — Muley Rechid—hasta que pudo dominar en Fez. Pero más que la historia y lo pintoresco de Taza— entre lo que se cuentan la gran mezquita, con su lámpara de cobre, famosa por su belleza en todo Marruecos, y las grutas de Kifan el Gomari—me interesa hoy la situación y estado de ánimo de la ciudad, bajo el amago de un golpe de los rebeldes.

La morería puede decirse que hace su vida recatada y normal. Pero la barriada europea me da la sensación de un pueblo que acaba de y más tarde por la de Sidi Abdelá, ya más importante. El tren, casi siempre unido a la carretera, cruza en algunos sitios terreno muy difícil, teniendo un trazado atrevido para salvar las pendientes. No es extraño que se tarden ocho horas en ir de Fez a Taza en este pequeño ferrocarril, casi en uso exclusivo de los militares, para el numeroso transporte de elementos de combate.

Durante una breve parada en Sidi Abdelá pregunto a unos moros por la situación. Me dicen que parece haber mejorado algo; pero que el hecho de tener próxima la posición de Maza-gran les hizo temer que el enemigo viniese a atacarla, como está haciendo con todas. Ellos creen que, a pesar de todo, el peligro continúa. Y desconfían. Un ataque a la posición significaría la inmediata incomunicación con Fez, que es lo que parece preparar el enemigo.

Sigo para Taza. De la tierra sale fuego; con tal brío cae el sol sobre estos montes. Algo lejano, se oye bombardeo. Deben de ser las tropas del Norte y posiciones que cañonean al enemigo.

A las once llego a Taza. La estación parece que no existe mas que para la guerra: tal es la cantidad de elementos que hay acumulados en ella: cajas de municiones, cañones, vituallas, ganado, tiendas de campaña... La estación da la sensación de una gran factoría militar. Soldados, senegaleses en su mayoría, trajinan, cargan carros y camiones, van y vienen. Los oficiales se hacen cargo de lo que corresponde a sus unidades, pertenecientes al grupo móvil del coronel Cambay, jefe de la columna de Taza.

Taza no es una ciudad realmente importante. Su importancia es estratégica, por el dominio que tiene sobre el camino de Argelia a Fez, vértice puede decirse de estas comunicaciones. Justifica esto los fuertes que coronan las montañas que dominan carretera y ferrocarril y aseguran la ciudad. Estos fuertes los han artillado y reforzado con más tropas.

La ciudad está dividida: en la parte más alta, el barrio moro; luego, el campo militar, y más abajo, aislado del barrio moro—como han hecho en todas las ciudades del Marruecos francés—, la *ville nouvelle*. Cerca, discurre el Uad Taza...

En Taza fijó su corte el primer Sultán Filali — Muley Rechid—hasta que pudo dominar en Fez. Pero más que la historia y lo pintoresco de Taza,— entre lo que se cuentan la gran mezquita , con su lámpara de cobre, famosa por su belleza en todo Marruecos, y las grutas de Kifan el Gomari—me interesa hoy la situación y estado de ánimo de la ciudad, bajo el amago de un golpe de los rebeldes.

La morería puede decirse que hace su vida recatada y normal. Pero la barriada europea me da la sensación de un pueblo que acaba de instalarse o que se va a trasladar a otro sitio como esas ciudades que viven bajo la amenaza de un volcán... Aun quedan en las paredes algunos avisos de los que el jefe de los servicios municipales mandó fijar el día 5, o sea la víspera de la evacuación. En ellos se daba la orden de que al día siguiente, a primera hora, estuviesen preparadas todas las mujeres de la sudad, con sus hijos, para emprender viaje a Uxda, "llevando lo más preciso", pues como medida de precaución se imponía la evacuación...

Recojo detalles muy interesantes de ésta. El Mando la había dispuesto por las sospechas que tenía que los beniuarain y riata secundaran la rebeldía de los branes. Aumentaron las dudas al desertar el caid Yilali, jefe de Branes, que hasta entonces había dado tales pruebas de amistad a Francia, que ésta le había condecorado repetidas veces. Pero está visto "que todo el mundo es honrado hasta que deja de serlo"... A la caída de Bab-Taza seguía la defección de este caid, con la que coincidía el asalto a la posición de Bu-Helima; y todo hacía ver muy peligrosa la situación de Taza. Había confidencias de que algunas tribus de Beni-Uarain y Riata hallábanse soliviantadas y dispuestas a unirse al movimiento rebelde, aunque el hecho de estar desarmadas estas cabilas hacía confiar un poco.

El 5 aparecen los bandos con la orden de evacuación. Toda aquella noche reinó en la población la agitación natural. Como todavía no se habían oído tiros próximos, ni siquiera de los fuertes que rodean Taza, algunos hallaban las medidas demasiado precipitadas, protestando de la orden de evacuación, que colocaba a las familias en trance de apuro, sobre todo a las pobres, que habían de dejar lo poco que tenían, marchando las mujeres y niños a Uxda y dejando a los maridos en la ciudad.

La evacuación dispuesta era forzosa para las europeas, voluntaria para indígenas e israelitas. A la mañana siguiente, a primera hora, acuden las familias a la estación. Más de mil mujeres y niños empiezan a embarcar. Los gendarmes recorren las casas una a una, a fin de que no quede ninguna europea en la ciudad. Dos que quisieron ocultarse fueron obligadas a partir. Las mujeres van llorando, especialmente las que se dejan a sus maridos o hermanos. El espectáculo es triste. Van mujeres con cinco o seis pequeños, escasos de medios, con un incierto porvenir. Los franceses no les facilitan más que el viaje hasta Uxda en el pequeño tren militar. Algunas, sin embargo, las más pusilánimes, van contentas por alejarse del peligro... Se organizan hasta once trenes; pero como el material de estos trenes militares es más propio para mercancías que para viajeros, las mujeres y niños se van colocando en bateas, donde hacen el viaje expuestas al sol y al viento más de doce horas. Cuando arrancó el extraño convoy, en las manos de las mujeres abrieron sus alas blancas de palomas prisioneras mil pañuelos, mientras las lágrimas ratificaban el dolor de la partida. Los militares, en la estación, saludaban con esta rigidez tan francesa, abierta la palma de la mano a la altura de la visera de los quepis. A Taza se le marchaba el alma, el alma femenina de la ciudad, y quedaba convertida en un gran campamento, lleno de hombres y material de guerra. Y la ciudad quedó muda, cerradas las puertas, como si se hubiese roto la vida en ella...

Poco después todos los hombres fueron llamados y se les entregó un fusil, una bayoneta y cartuchos. Cada hombre civil de Taza quedó convertido en un soldado. Y el espectáculo de los grupos de hombres armados por las calles, hablando en voz baja, hacía flotar sobre la sudad una nube de pesimismo. ¿Qué iba a pasar?...

"Aquella noche, la de la evacuación—me dice un europeo—, salí para darme cuenta del estado de ánimo de la ciudad indígena, a la que en el fondo sabía satisfecha de la situación. Subí a un café moro, donde siempre hubo poca gente. La noche de la evacuación estaba lleno de moros, que conversaban con calor. Me miraron como extrañados, y parecía que los ojos tenían un brillo extraño. Diríase que esperaban algo...

Tenían cartas de Abd-el-Krim donde se les aseguraba que de triunfar la causa musulmana y entrar en Taza todo sería respetado. Y parecían satisfechos, alegres en el fondo..."

Los últimos trenes salidos de Taza llegaban a Uxda a las cuatro de la mañana. El viaje para las familias fue penosísimo. El calor sufrido, terrible. Un niño murió de insolación. Abortaron dos mujeres...

La evacuación tuvo lugar el día 6. Al día siguiente, el Mando organizaba una operación de castigo sobre los aduares de Beni-Uarain y Riata, a quienes sospechaban en inteligencia con el enemigo, que había levantado toda la región Norte. La columna llevaba abundante infantería y artillería. Y aunque parte de la cabila reiteró sus protestas de lealtad, los franceses castigaron a algunos aduares—los sospechosos—, quemando varios y haciendo algunas bajas. La columna regresó a Taza, y este castigo parece que, de momento, contuvo lo que se avecinaba.

El día 10 las autoridades avisan que consideran conjurado el peligro, y que los que tengan medios reintegren a sus familias a la sudad. Pocas—entre las que se cuentan algunas cocote—vuelven. ¿Qué sucederá?... Abandono Taza con mala impresión de todo esto...

... Y, en efecto, tres días después el enemigo hace una incursión audaz, llegando hasta la carretera de Taza e interceptando el tránsito momentáneamente. De Taza tuvieron que salir más que de prisa fuerzas del grupo móvil, consiguiendo, por fortuna, arrojar de la carretera al enemigo, haciéndole huir.

EL PROBLEMA DEL RIF Y EL DIRECTORIO ESPAÑOL.
—LYAUTEY, PRETERIDO

La Conferencia de técnicos en Madrid, sus acuerdos, reservados, como es natural, y los comentarios que en torno a la Conferencia empezaron a hacerse parece que obligaron al Directorio a puntualizar cuál era su actitud frente a la lucha que Abd-el-Krim venía sosteniendo con Francia. Esta lucha, por la repercusión que forzosamente había de tener en nuestra zona, nos interesaba demasiado. Y a mediados de julio el Directorio marca al país en esta nota sus puntos de vista:

"Para los que siguen con interés los asuntos de Marruecos y están bien documentados, acaso no sea precisa ninguna declaración oficiosa sobre el actual interesantísimo momento del problema; pero seguramente la mayor parte de la opinión espera que el Gobierno diga algo que permita formar el juicio más cabal posible de los acontecimientos que se vienen desarrollando.

"Hacia mediados de mayo se inició una violenta ofensiva rifeña sobre las posiciones francesas del Alto Carga y sobre las comunicaciones con Fez, dando origen a una difícil situación en la zona del Protectorado de nuestros vecinos, obligados también a batirse en el sector de Cazan. La pericia del Mando y e) valor de las tropas han hecho todo lo posible por poner remedio a la situación, lográndolo sólo en la medida que le han permitido las escasas fuerzas con que contaban, en relación a lo extenso del frente. Pero como Francia no cesa de enviar refuerzos y abundantísimo y excelente material de guerra, es de esperar que restablezca la situación, no sin vencer grandes dificultades, y pueda ponerse en condiciones de emprender una acción de castigo contra los revoltosos.

"Mientras tanto, en nuestra zona, que llevaba unos meses tranquila, han hecho acción de presencia comisiones rifeñas con cartas de Abd-el-Krim y con amenazas y promesas; han obligado al levantamiento de algunas partidas de llévalas, intervenidas por caídes rifenos, que han concebido el plan de cortar las líneas de comunicaciones, sin duda para lograr algún efecto moral más que material.

"La fortuna con que fue combatido hoy hace un mes el primer intento en los montes de Beni-Hassan ha aplacado la iniciativa enemiga, no obstante las combinaciones y castigos de Abd-el-Krim a sus caídes, de los que quiere lograr a toda casta inmovilicen las fuerzas de uno y otro sector de la zona española y las columnas de maniobras, *en previsión de que se empleen en otros objetivos más inmediatos a sus bases de operaciones.*

"Esta aproximación de las partidas a nuestras líneas ha aconsejado operaciones para castigarlas y alejarlas, que se han hecho con éxito feliz y "sin una baja más de las que con toda exactitud se han dado en los partes oficiales", manteniéndose así expeditas y fáciles todas las comunicaciones.

"Nuestras columnas no sólo no han sufrido desgaste, sino que han acrisolado su espíritu y pericia y se mantienen aptas para toda empresa. *¿Habrá de realizarse alguna de más vuelo e importancia? Las circunstancias lo dirán.*

"El propósito del Gobierno es pacificar la zona encomendada a su protectorado y mantener la seguridad de sus bases y comunicaciones, únicos territorios que cree preciso ocupar materialmente para el logro, a la larga, de aquella misión. *Ello puede requerir el establecimiento de alguna nueva base y llevar la acción de castigo a algún sector hasta, ahora no ocupado*; pero tal resolución no habrá de tomarse sin todas las garantías, y probablemente de acuerdo y con la colaboración francesa, si los intentos conjuntos de pacificación que han de buscarse por otros caminos con empeño y buena fe no se logran.

"El problema de Marruecos ha cambiado notoriamente en el último quinquenio, especialmente en los dos últimos años, pasando a ser de interés mundial no por su aspecto geográfico, estratégico y comercial, sino por el político, en el sentido de que la figura de Abd-el-Krim y su nonato reino pueden ser ejes de un movimiento religioso-social, de una influencia decisiva en Occidente. El

Principado o República de Beni-Urriaguel, aspirante al Sultanato de Marruecos y al Jalifato del mundo musulmán, encontraría apoyo más o menos directo y franco si no se desvanece pronto esta quimera en todos los inadaptados y en todos los rebeldes del universo, en los que quieren herir de costado, en los que buscan campo de cultivo para sus microbios morbosos.

"Una gusanera en el Rif sería grave enfermedad para la civilización y la paz occidental. De aquí la atención cada día mayor que el Directorio presta a esta cuestión y el afán que pone en resolverla con eficaces colaboraciones, que no deben faltar ante esta nueva visión del problema; pues si hace unos años cabían ciertas opciones y criterios, hoy casi puede asegurarse que todos los que estudian a fondo el asunto concurren en el dictamen de su gravedad.

"Es bueno que sepa el país que la necesidad de dar frente a tan importante problema no coge a España desapercibida. Cuenta con una organización majzeniana bastante completa, no de adorno, como antes, sino puesta en contacto con él país y dada a conocer a todas las autoridades del territorio, que será perfeccionada en breve con la solemne proclamación del jalifa de la zona ya designada. Cuenta también con una organización civil apta y laboriosa, con tropas y oficinas jalifianas, con una Marina de guerra eficiente y bien adiestrada, con una aviación muy digna de tener en cuenta por su calidad, cantidad e instrucción, y con un ejército bien provisto de material moderno y de insuperables cualidades de bizarría, disciplina y pericia.

"Todo esto, que representa los sacrificios por el país hechos, *preferiría el Directorio no tenerlo que emplear* si por otros medios que no representen claudicación logra llevar la paz a la zona de protectorado de modo firme, que no sea precario ni inquietante para el porvenir, pues ni aun la sangre tan brava y abundante vertida ha creado odios de razas, que si la una, con arreglo a su mentalidad, defiende la independencia del territorio, la otra cumple su deber tradicional de abrir a la cultura y al progreso las tierras en que la civilización no ha arraigado."

* * *

El viaje de la Comisión parlamentaria, y acaso el de Painlevé también, traen consigo el nombramiento del general Naulin para el mando de las tropas francesas de operaciones. Los dos puntos más importantes del informe de esta Comisión al Gobierno fueron: Primero, la necesidad de desglosar el mando militar, que venía ejerciendo el mariscal Lyautey, de la dirección de los múltiples asuntos del Protectorado, y segundo, conveniencia de suprimir los comunicados oficiales que, a juicio de la Comisión, eran muchas veces contrarios a la verdad, aumentando en otros los hechos como para buscar glorias fantásticas.

Por todo el Marruecos francés la noticia del nombramiento del nuevo general en jefe circuló como un reguero de pólvora, produciendo la sensación que es de suponer. Y de todos los labios surgió espontánea la misma pregunta: ¿Y el mariscal Lyautey?

No es de extrañar esta sensación en la opinión francomarroquí. El mariscal Lyautey, pese a sus detractores, lo es todo en el Marruecos francés. No solamente representa al ejército que actúa en este protectorado: representa una formidable fuerza civil. Se alza tras él esta obra grande, que representa el Marruecos de 1912 a 1925.

Un decreto de 28 de abril de 1912 confería al mariscal el cargo de residente general de Francia en Marruecos, en virtud del Tratado del mismo año. ¿Cuál ha sido la labor del mariscal de entonces acá? Olvidemos los méritos adquiridos por este maestro de colonización africana, toda una vida consagrada a ésta. Pero examinemos desde el 12 en adelante la formidable labor que representa cuanto se ha hecho aquí. Han sido catorce años de incesante lucha, de arduos trabajos para imprimir al protectorado francés todo el impulso y toda la grandeza con que hoy se ofrece en su aspecto de obra de colonización. El montaje de esta gran máquina administrativa, por sí sola, sin el complemento de la misión militar, sería suficiente para dar a Lyautey el nombre de "maestro de colonistas" que le da su país. Porque en este protectorado, como ya he dicho, acaso lo que menos se aprecie de momento es la obra militar. Las posiciones y las tropas se llevaron a las líneas avanzadas, muy lejos de las carreteras, o a los círculos donde el mariscal creyó necesario extender "la mancha de aceite", según su sistema de penetración.

Pero esta obra militar, con ser tan grande, parecía de segundo término hasta no hace mucho. De 1912 al 1925 se han creado enormes intereses civiles y ha sido preciso dotarles de una organización apropiada para buscar su mejor desarrollo y estabilidad. La obra civil parece eclipsar durante todo ese tiempo a la militar, quizá porque el mariscal pensó que la mejor arma de penetración y pacificación era la creación de intereses, el fomento de las riquezas del suelo, ligar al indígena con el europeo por medio de lazos tan sólidos como el comercio, la industria y la agricultura; estrechar las relaciones de las cabilas y las ciudades con trenes, automóviles y teléfonos... Esta labor de catorce años, que adquiere ante nosotros mayor magnitud si extendemos la vista por toda la extensa zona ocupada por Francia, consumió las mejores energías del mariscal Lyautey y puso a prueba sus entusiasmos y sus aptitudes. Hasta coronar esta obra colonial de la Francia en Marruecos el mariscal Lyautey vio platear sus cabellos e irse gota a gota la savia de su vida-Creó aquí grandes problemas civiles. La libertad de Prensa da también a estos problemas un nuevo motivo de preocupación... Y sin embargo, a los setenta y pico de años aun nos encontramos a Lyautey lleno de optimismos, batallador incansable... Quizá el exceso de confianza en la importancia de esta obra civil determinó un ligero descuido al enfocar el problema militar del norte africano en algunos puntos, tal como ha sucedido en los límites con el Rif y como viene sucediendo, a mi juicio, en el Sur, donde la seguridad está confiada a los grandes caídes. ¿Quién había de decir a los franceses que los moros iban a quitarles los puestos a cañonazos?... Y así, el levantamiento de abril le cogió desprevenidos, mal prevenidos, si tenemos en cuenta la importancia del levantamiento. El choque violento y durísimo estuvo a punto de provocar un serio desastre. Fue preciso entonces reconcentrar todas las fuerzas disponibles, pedir refuerzos, dejarlo todo para acudir a apuntalar la pared del edificio que se desmoronaba... Entonces se vio claramente que hubo un exceso de confianza con un enemigo de quien hay que esperar todas las sorpresas. Y ante el fracaso de parte de la obra militar, el clamoreo de unos y otros ofreció un contraste grande. ¿Quién era el responsable de lo sucedido?...

Cuando nadie se había respondido categóricamente esta pregunta; cuando no se había podido atajar la avalancha enemiga—sino que seguía la pérdida de puestos en la región de Uazan y se realizaba la evacuación de la población civil de Taza, —surge el nombramiento del general Naulin, que ha de ser responsable de la seguridad exterior e interior del protectorado y ha de planear y dirigir las operaciones militares...

Aunque el nuevo general en jefe quedaría a las órdenes de Lyautey—quien seguiría a modo de residente general—, no se resignaban los que habían hecho de él un ídolo a buscar una disculpa de carácter político para este desmembramiento de mandos, quitando a Lyautey una de las funciones que más le competían como militar. Los más optimistas creían que este nombramiento no era más que un descanso bien ganado que Francia proporcionaba al veterano mariscal, bastante fatigado ya y con exceso de trabajo para aumentárselo con un plan de operaciones militares agobiador.

Pero los que piensan más en los egoísmos personales sólo se explicarían o un relevo o una dimisión.

Pero sucede algo raro, que yo recojo, en este pleito del Alto Mando francés: se nombra a Naulin general en jefe de las tropas de África; hace declaraciones en París sobre su punto de vista, y no obstante la gravedad de los momentos retrasa su viaje. En cambio se anuncia—y lo realiza rápidamente en avión—el viaje del mariscal Pétain "para inspeccionar las tropas". Pero el mariscal no revista en realidad a las tropas, sino que conferencia con Lyautey y viene a Fez, donde reúne a todos los generales, y ausente todavía el general en jefe nombrado trazan un plan de operaciones... Encuentro todo esto algo raro, quizá porque nosotros tenemos una visión demasiado rígida y estrecha de las jurisdicciones de nuestro mando militar. Puede que esto en Francia carezca de importancia ante una situación tan grave como la del frente francés. Lo cierto es que a Naulin, general en jefe, cuando aun no se ha incorporado le trazan un plan en la residencia de De Chambrun; esta residencia de Buyelul, que rodean bellos jardines, y a cuya puerta dos "spahis" vestidos de rojo, con su enorme pantalón bombacho, su chaquetilla corta rameada de bordados y su altísimo turbante, ponen una nota "muy colonial"...

EN CASABLANCA.
—LOS GRANDES CAIDES DEL SUR.
—EL FANTASMA DE LA GUERRA

Para esperar el arribo del mariscal Pétain al Marruecos francés me traslado a Casablanca.

Desde el año 1907 los franceses han hecho aquí una ciudad europea amplia, hermosa. La ciudad vieja, encerrada en sus murallas, ha quedado a la derecha de la plaza de Francia como un pequeño recuerdo de lo que fue, con su nota reducida de ciudad mora: tenderetes, "bakalitos", "fondakes"... De todo muy poco, acaso nada más que lo preciso para que de Casablanca no se borre por completo la visión de ciudad marroquí para ser totalmente una población europea. La Casablanca de 1907 no es ahora más que un pequeño barrio de Casablanca, con su calle comercial y algunos consulados enclavados en él desde hace muchísimos años. De murallas afuera ha surgido una ciudad grandiosa, de edificios modernos y amplios bulevares. Entre aquéllos los edificios oficiales resaltan con fuerte contraste: el Palacio de Justicia, en la plaza Administrativa; la residencia del general gobernador militar y control civil, la Bolsa del Comercio, Correos, Telégrafos y Teléfonos, el Banco de Estado de Marruecos, el Casino Militar, los suntuosos edificios de las bancas particulares... Y en torno a ellos, ocupando varios kilómetros cuadrados en la llanura, millares de edificios donde se alberga la población, no inferior a noventa mil habitantes. Jardines, centros alegres de recreo, multitud de hoteles y grandes cafés, Casablanca da al que llega, de momento, una impresión de pequeño París, donde no faltan sus "Grandes Galerías" ni sus dancing donde alternan las "funcionarías" y las cocots con una displicencia muy parisina...

La obra más maravillosa que, aparte la sudad, han hecho los franceses en Casablanca es el puerto, aun no terminado. Los trabajos difíciles y costosos llevan consumidos más de cien millones de francos, y cuando el muelle de Casa-blanca esté terminado podrá satisfacer un tráfico de 1.500.000 toneladas. Hoy la riqueza mayor a exportar por el puerto de Casablanca son los fosfatos, que se producen en la región en cantidad tal que pueden cubrir las necesidades mundiales de las industrias que los consumen.

Sin embargo, bajo la grandiosidad aparente de Casablanca se nota que lo levantado aquí por los franceses es superior a la vitalidad del país. Para levantar esta ciudad con tanto lujo de edificios y tanto aparato ha sido preciso enterrar muchos millones que no se han recuperado. Durante la gran guerra el capital francés vino aquí pródigo, encariñado con la obra de colonización y protectorado de Francia, y se derrochó en estas obras magníficas que hacen de Casablanca una población soberbia.

Un amplio trazado de urbanización dio diez y quince veces más valor a los solares, con los que se especuló extraordinariamente. Y hoy, cuando se ha llegado a un punto en que lo construido supera en el doble a la potencialidad de Casablanca, la construcción se detuvo, y los solares, algunos muy céntricos, quedaron en un precio exorbitante sin construir en ellos, lo que se prolongará indefinidamente. Muchos se arruinaron en estos negocios, y no pocos Bancos—casi todos los coloniales creados en torno a la fiebre de los primeros años—se presentaron en quiebra.

Casablanca, aunque es cabecera administrativa de la riquísima y productiva región de la Chauia, está levantada a fuerza de millones de francos. Hay en ella mucho de *bluf*... Pero con todo indica que en Francia el capital estuvo encariñado con el problema africano, al contrario de lo que nos sucedió a nosotros, que para colonizar contamos como materia prima con una buena legión de cantineros...

* * *

En el Hotel Excelsior observo la mañana de mi entrada en él una profusión de distinguidos musulmanes. Para los que traemos de nuestra zona una visión pobre y mediocre de los moros, estos musulmanes, que viven "a lo grande", tienen auto propio y se hospedan en los mejores hoteles, nos causan una impresión extraña.

Indago quién es uno de los principales, a quien todos escuchan o consultan en el amplio hall del hotel.

—Es El Guelaui, el gran caid del Sur—me informan.

Alto, broncíneo, su rostro de líneas viriles y categóricas demuestra un carácter firme y una voluntad de acero.

El Guelaui es bajá de Marrakech, y su poderío es inmenso en el Atlas. Todas las tribus acatan sus mandatos, y por ello los servicios que El Guelaui presta a Francia son valiosísimos. Sin posiciones, con sólo la influencia personal de este gran caid Francia tiene pacificada una región inmensa. Otros grandes caídes comparten con El Guelaui el gobierno y dominio del Sur. Pero en realidad todos obedecen y acatan a este caid.

En el *hall* del hotel he observado atentamente a esta gran figura musulmana del Maruecos francés, a quien no hace mucho Painlevé y Lyautey—preocupados porque la rebeldía del norte de la zona pudiese extenderse al Sur—llamaron a Rabat. Interesaba conocer el estado de ánimo de las tribus... El Guelaui, cuyos servicios paga Francia con fuertes sumas, reiteró sus sentimientos de lealtad, Y dijo tener "veinte mil hombres armados", que irían a luchar si era preciso junto a las tropas francesas contra los rifeños...

El poder de este moro es innegable. Viéndole rodeado de moros de porte aristocrático diríase un reyezuelo de un país de aventura... Yo pienso en que ha dicho a los franceses "que tiene veinte mil hombres armados" dispuestos para la lucha. El número de combatientes no es muy tranquilizador, si este moro, que se hace pagar tan bien sus servicios, rompiese un buen día con Francia...

Descansa el Mando francés en el prestigio de estos grandes caídes del Sur la seguridad de sus territorios del Atlas. ¿Seguirán disfrutando de la tranquilidad de siempre, que, aunque pagada a peso de oro, le es muy conveniente para atender a atajar el rápido paso que lleva por el Norte la rebeldía? ¿O por el contrario, surgirán los chispazos y los agentes rifenos lograrán soliviantar algunas tribus del Sur, empeorando el gravísimo problema que Francia tiene planteado?

Algunos extraños movimientos se han observado ya, pero parece que han podido cortarse.

* * *

El comedor del Hotel Excelsior, donde me hospedo en Casablanca, es suntuoso. Está al frente de él un inválido de la gran guerra, que luce en el ojal de la americana la cinta de la Legión de Honor. Todas las noches viene a tomar nota de las comidas con la mano izquierda—la única que le dejó la guerra—. El comedor, amplio y lleno de luces, veladas coquetonamente con gasas y sedas, tiene un gran sello cosmopolita, aumentado por los tipos que en él se observan: periodistas de todos los países, atraídos por este gran trompetazo de la guerra; jefes y oficiales franceses de todos los Cuerpos, que continúan arribando a Casablanca, y que pasan sólo un día por el comedor, pues al siguiente se marchan a Fez o a Taza con sus unidades; traficantes españoles, judíos, franceses o ingleses; moros aristocráticos de Marrakech o Rabat, ministros del Sultán o funcionarios musulmanes de la Administración francesa, tan aparatosa en su organización; grandes *cocots*, atraídas también por los enormes contingentes de fuerzas que van llegando a diario...

Esta noche entra en el comedor un tipo extraño. Apenas baja al comedor, según me informa el camarero; pero en realidad no lo debían dejar. Me ha hecho pasar el peor rato de mi vida.

Se trata de un millonario que tiene perturbadas sus facultades mentales. Ambula por las calles de Casablanca en tan extrañas actitudes y tan grotescamente vestido, que le siguen los moritos en son de broma. Alto, delgado, de facciones enjutas, encuadra su rostro, rojo por el abuso del alcohol, amplio bigote blanco y barba muy descuidada.

Ha entrado en el comedor a grandes zancadas. Su tipo es absurdo. No se quita el sombrero de copa, arrugado, y sucio, que trae encasquetado hasta las orejas. Luce un chaqué lleno de manchas, cuyos faldones le cuelgan grotescamente, pues anda con las piernas encorvadas. El nudo de la corbata es también grotesco, y lleva el cuello desabrochado.

Todos los comensales han reconcentrado su atención en el pobre perturbado, que va a sentarse a una mesa vacía, desdoblando un periódico, mientras masculla unas frases ininteligibles. Pide champaña. "Es lo único que toma —me dice el inválido encargado del hotel—. Es millonario. No duerme. Toda la noche se la pasa igual: hablando solo o leyendo en el periódico unas noticias que él inventa.

El pobre señor ha perdido dos hijos en la guerra. La mujer se le murió de pena. El se ha vuelto loco... Pero tiene una locura tranquila..."

El pobre loco se levanta de la silla, estruja el periódico y lee con rabia la noticia de la muerte de sus hijos.

Para él todos los periódicos la traen todos los días, sin faltar uno... De pronto coloca el periódico en el suelo y acaricia la cabeza imaginaria de los muertos. Después reza. Ha hecho del periódico un túmulo con sus dos hijos muertos, que sólo él ve... Cuando termina de rezar llora y se mesa los cabellos.

Todos los que estamos en el comedor nos sentimos impresionados profundamente. No debían permitir a este pobre hombre que bajase al comedor... Pero hay orden de la Dirección de no contrariarle, porque es pacífico.

El pobre loco sigue hablando solo y mostrando el sitio donde él supone que están sus hijos muertos. Les canta un himno sonoro por valientes y heroicos. "No hay laurel en la tierra para vuestra corona..."

Y de pronto avanza las manos hacia un enemigo invisible, al que parece atenazar por el cuello. Entabla con la visión una lucha original, forcejeando largo rato, hasta que, rendido, pero con cara de júbilo, cae al suelo gritando: "¡La guerra! ¡La guerra! ¡Los he vengado! ¡Los he vengado!"

El pobre visionario ha tenido en sus manos un fantasma al que ha creído aniquilar: el fantasma de la guerra, que ha enlutado tantos hogares y al que nadie podrá vencer, porque vivirá siempre como animado por el espíritu de maldad de todos los hombres....

LAS HARCAS AMIGAS.
—PETAIN Y LA TÁCTICA ENEMIGA

Rota por el enemigo la deficiente línea militar que cubría el frente antes de los sucesos, debilitada y amenazada la que fue quedando —pues el enemigo goza de amplio terreno para sus intentonas—, el Mando francés, sin poder hacer seguidamente una ofensiva que por otra parte necesitaba para un buen éxito de la colaboración española terrestre, tenía que resolver un grave conflicto. Era éste atajar las infiltraciones o invasiones del enemigo a las regiones de retaguardia, donde cada día fue siendo más grave y peligrosa la acción de los rebeldes en su afán de acercarse a Fez y Taza.

Y creyendo hallar un medio de resolver en parte la situación, recurre el Mando al procedimiento antiguo que utilizaban los sultanes para hacer frente a los levantamientos de las cabilas. En nombre de Muley Yusef se ordena a las tribus más afectas del sur y alrededores de Fez que organicen harcas para ser pagadas por el Majzén.

¿Darán resultado estas mehalas? Evitan las posiciones permanentes, los puestos y blocaos con todos sus problemas de aprovisionamientos, aguadas, etc. Mas la fidelidad de esas harcas ¿será efectiva?... Recuerdo que Muley Haffid. en las postrimerías de su reinado, casi encerrado en Fez, tuvo que luchar impotente con las cabilas del Norte que, rebelándose contra su autoridad y la intromisión francesa—que ya se apuntaba—, movilizó harcas análogas en 1911 y 12 en iguales cabilas que hoy lo hace Muley Yusef. Pronto aquellas harcas se unieron a la anarquía, haciendo pasar a Muley Haffid días muy amargos y a Fez entero días sangrientos, acelerando la entrada de los franceses en Fez.

Las harcas son armas de dos filos, y de su empleo es preciso hacer uso limitado y oportuno. Querer hacer uso de esas harcas al estilo de los antiguos tiempos del Imperio cuando éste, intervenido por Europa, cuenta con un fuerte ejército regular, puede ser peligroso o poco eficaz. Por esto el éxito de la acción de estas harcas no se ofrece muy claro.

Las primeras harcas organizadas suman 5.000 hombres, en su mayoría de la Chauia y Zaian. Las cabilas de Fez—Cheraga, Ulat Yama, Ulat Aixa, Hamian, Hayaina — darían trescientos hombres cada una, y al frente de ellas había de situarse en Cheraga, guardando las rutas principales que vienen a Fez, el bajá Busta-el-Bagdadi, a quien ya utilizaron los sultanes en otras ocasiones, cuando éstos tuvieron que combatir a las mehalas del Roghí en Melilla y a Raisuni en Tánger.

Pero esta orden de que Busta-el-Bagdádi salga de Fez y se ponga a la cabeza de la harca que había de situarse en Cheraga causa mal efecto en la población indígena.

Y una Comisión de principales va a dar cuenta al Mando de la inquietud que la salida del Bagdadi determinaría en la ciudad, cuya tranquilidad asegura la sola presencia del bajá...

* * *

El 20 de julio arriba a Casablanca la división marroquí, que es enviada a Fez y Taza.

Y en Fez se nota una reacción favorable. Las fuerzas que van llegando hacen brillar un rayo de optimismo en medio del pesimismo ambiente... Al arribo de tropas de la división marroquí sigue el de más elementos de las harcas reclutadas.

En esta "leva" encuentran los franceses más facilidades en el Sur. Pero políticamente más que el Sur interesaría al Mando francés y al propio Sultán que la recluta le hubiese dado resultados más positivos en los sectores avanzados del Norte. Mas el retraimiento de estas cabilas y el dar los hombres a regañadientes significa desaliento, poca fe, peligro...

Las harcas del Sur ofrecen más garantía a los franceses. Dejaron allá sus familias y sus propiedades, que en la rica región de la Chauia son rehenes efectivos.

Esta harca montada, antes de salir pira el frente al mando del caid Leñasen, ha desfilado muy animada ante el mariscal Pétain. Los he visto desfilar al galope, con esa prestancia típica de la caballería mora que Fortuny supo aprisionar tan maravillosamente en sus cuadros árabes.

Una nube de polvo levantan los fogosos caballos, mientras flotan al aire los blancos albornoces y los jinetes lanzan en alto los fusiles, haciendo graciosos molinetes para recogerlos de nuevo, sin perderlos. Es un alarde de habilidad y dominio de la más preciada prenda que tiene el moro: el fusil. Y entre el galope desenfrenado de estos harqueños los gritos de guerra dominan el tropel: "¡Sea nuestra protección el Profeta de Dios!" Y repetían como un eco: "¡El Profeta de Dios!..."

Y viéndolos correr y recobrar en este bello desfile el brío guerrero de los mejores tiempos del Islam, pienso que sobre todas sus promesas estos indígenas son antes que nada... moros. Y que pueden ser arma peligrosa, como ya la realidad ha demostrado en mil ocasiones.

* * *

La llegada del mariscal Pétain al Maruecos francés imprimió a los acontecimientos una nueva orientación. Los primeros síntomas así lo confirman. Las entrevistas con el mariscal Lyautey y otros generales con mando son largas. Después de ellas se piden al Gobierno de la República nuevas divisiones para hacer frente a la situación. Y el mariscal Pétain declara "que piensa reconcentrar en Fez grupos móviles a base de mucha infantería para dar a las tropas mayor agilidad." Como Pétain opina Naulin, quien dice que para esta campaña se necesita mucha infantería y que la artillería y la aviación en esta guerra son fuerzas accesorias. Ciertamente, esta guerra de montañas en que el peor enemigo que hay que combatir es el terreno requiere más empleo de fusiles que de cañones. Hemos visto muchos combates en que los cañones de grueso calibre martilleaban las rocas donde no había más que una veintena de contrarios sin ofrecer blanco alguno. Y para batir a esos veinte hombres tan bien situados, y a los que tan poco número de bajas se les podía hacer, se han tirado grandes cantidades de metralla. En cambio, ellos, tranquilamente, desde sus formidables posiciones, con un fusil y unos cuantos cartuchos, afinando tranquilamente la puntería sobre la masa que presentaba el ejército europeo, han mantenido en jaque a las columnas y les han hecho un número considerable de bajas.

Una de las características de nuestra guerra con las cabilas fue esta de los grandes empleos de artillería y de amplias preparaciones artilleras.

Ahora en la zona francesa observo las mismas características. Pero con una diferencia aún de más relieve técnico. Los franceses se puede decir que hasta la visita de Painlevé apenas empleaban otra artillería que la de grueso calibre. Por todos los campamentos generales del Uarga, ya en la montaña, pude ver el lujo de artillería pesada, obuses, etc., que tenían. En cambio carecían o escaseaban de manera notoria de artillería de montaña, tan práctica para operar en terreno accidentado como es éste en que ahora combate el ejército francés.

Acaso se deba esta cantidad enorme de artillería pesada de los franceses al sobrante de material que tienen de la gran guerra. Pero la realidad del terreno y la movilidad del enemigo exigen otra cosa: se necesita mucha infantería. Y sobre todo, como ha podido apreciar Pétain, mucha tropa. La situación en julio es muy difícil, extensísimo el frente, que no es inferior a trescientos kilómetros. Y el enemigo tiene hoy una organización que nunca tuvo, manifestándose en el combate y en la dirección de la campaña como cualquier ejército moderno. Pero con una ventaja aún sobre éste: el espíritu, la fe, el fanatismo con que combate.

Yo creo que todo el éxito de este enemigo estriba precisamente en su fanatismo; fanatismo que Abd-el-Krim utiliza admirablemente levantando una bandera tan sugestiva para estas gentes como la de la independencia.

Este espíritu fanático se ha revelado una vez más, con ocasión de los feroces asedios de los puestos franceses. La táctica empleada ahora consiste en atacar de noche a los puestos que apenas molestan durante el día. Con el ataque nocturno consiguen fatigar a las guarniciones y librarse de la acción de los aeroplanos y de la artillería. Es decir, que elegido un puesto para asaltarlo, durante el día lo tirotean ligeramente para mantener en él la inquietud. De noche imprimen mayor violencia al ataque, impidiendo a la guarnición que duerma. El ataque va en aumento a medida que es mayor la fatiga de la guarnición. Cuando ya saben a ésta muy débil, empiezan a acercarse a las alambradas. Hay un grupo del enemigo que está destinado al sacrificio, y el cual obedece ciegamente las órdenes de sus caídes. Su misión consiste en llegar a las alambradas provistos de gruesas tijeras para cortarlas. Quedan muchos prendidos en los alambres, víctimas de su fanatismo. Pero finalmente, el puesto rendido cae... ¿Quién puede con una gente así animada en el combate? ¿Qué ejército europeo—menos en esta guerra colonial, mal llamada campaña de represión—lucharía en Marruecos con esta fe y este brío, aumentado por el fanatismo?...

Yo lamento con toda mi alma que los franceses anden ahora tan apurados. En julio no tienen todavía un plan para rehacer la situación, aunque sí varios proyectos para establecer una línea de campos atrincherados con que hacer la cobertura del nuevo frente... Insisto en lamentar esta situación, verdaderamente apurada do nuestros vecinos. Yo no quiero la guerra, como creo que, en el fondo, nadie puede quererla. Pero no olvido que fueron muy injustos con nosotros los franceses durante las durísimas luchas que sostuvimos con las hordas rifeñas, en que cada día nuestros bravos soldados hacían la ofrenda de su sangre generosa. Y para cada revés, la Prensa francesa, en su mayoría, reflejaba un juicio erróneo de nosotros, del valor de nuestros soldados y de la eficiencia de nuestras tropas. No olvido aquellos juicios gratuitos, buenos para hechos sin conocer a fondo y de cerca la realidad hiriente. Y hoy veo que han podido rectificar su opinión ante la acometividad del enemigo, que les ha puesto al filo de un desastre mucho mayor que todos los nuestros, y oigo con satisfacción cómo reconocen en los campos avanzados el enorme sacrificio que España realizó durante años y años con un enemigo que a ellos, en sólo tres meses largos de lucha, les ha causado tan serios daños.

España ante la opinión francesa ocupa ya con respecto al problema militar de Marruecos el puesto que debió ocupar siempre. Por el triunfo de la verdad y de la justicia me alegraría, si no hubiese por medio un río de sangre...

ESPAÑA Y FRANCIA ANTE LA PAZ CON ABD-EL-KRIM.
— POLÉMICAS SOBRE LA COLABORACIÓN

Al margen de los sucesos, y mientras en las vanguardias de la zona francesa se rechazan ataques y se libran combates, que por Uazan y nortes de Fez y Taza mantienen los mismos caracteres de violencia, se labora por conseguir una paz favorable con Abd-el-Krim. El revés sufrido por Francia acelera las gestiones. España, después de su enorme lucha con los rifeños y las cabilas por éstos soliviantadas, se situó en una línea que, si bien no tiene una eficacia definitiva (pues se trata, en Yebala al menos, de una línea larga y débil al hilo de las carreteras), han dado al problema militar de nuestra zona caracteres menos duros que los que hasta aquí tuvo. Y nos permitió colocar a nuestras tropas en puntos de mejor defensa, con unas fáciles comunicaciones a retaguardia, que harán en lo sucesivo menos costoso su aprovisionamiento y socorro. Por esto España, de no haber surgido a Francia el gravísimo conflicto de la rebeldía en la parte más principal de su zona, no tenía mayor prisa por amasar un pacto con Abd-el-Krim, que tanto repugnara a muchos hace dos años...

España así situada estaba en mejores condiciones para esperar a que el cabecilla aceptase una paz favorable para todos. No tenía verdaderos apremios. Pero viene el conflicto de la zona francesa, con la avalancha enemiga sobre sus puestos y una lucha no muy favorable para los franceses, quienes a fines de julio han perdido sesenta posiciones militares y sufrido unas veinte mil bajas...

La conmoción en Francia es grande, aunque la mayoría de estas pérdidas son de gente mercenaria, tropas senegalesas en su parte más principal. Y de todos los sectores políticos, especialmente de las extremas izquierdas, viene el grito de "¡paz!". Los mismos comunistas, que tanta culpa tienen de lo que ocurre en el Rif, son los primeros en pedirla. Francia se ve realmente necesitada de llegar a esa paz por todos los medios, porque de lo contrario sabe muy bien que una guerra en la intensidad que había que llevarla, de no aceptar la paz el Rif, había de ser costosísima en sangre y millones, aun llevando a España a ella de la mano, como llegó a estipularse en Madrid...

A Francia le urgía la paz con Abd-el-Krim. Los fuertes aldabonazos enemigos a las puertas de Fez en la última decena de julio, sus incursiones audaces a la carretera Fez-Taza—donde aviones provistos de potentísimos reflectores descubren de noche grandes concentraciones enemigas—y la realidad inquietante de no haber podido hacer hasta esa fecha mas que una defensiva activa hacían más necesaria esa paz.

La actividad e iniciativa enemigas han impedido organizar la ofensiva aun a mediados de julio, no obstante la cantidad de elementos acumulados, los refuerzos traídos de Argelia, de Francia, del Ruhr, las cantidades enormes de artillería de grueso calibre y de aviación y de carros de asalto desembarcadas en Casablanca y enviadas al frente con rapidez, y a pesar de la cantidad de generales que en esa fecha mandan tropas en Marruecos o dirigen: Pétain, Lyautey, Naulia, Dougan, Calmet, De Chambrun, Nogés, Bertrand, Heuch, Cambay, Gureaud, Billiote, George, Boichut y los de las divisiones de refuerzo... Corría, pues, más prisa la paz a Francia que a España, aunque a nosotros nos interesase tanto como a aquélla.

Cuando Painlevé era atacado por no haber concertado la paz con Abd-el-Krim, se defendía diciendo: "Nos reprochan algunos no haber tratado con Abd-el-Krim. ¿Qué saben ellos? No podemos disponer del territorio sometido a España; pero es posible una tregua con Abd-el-Krim. Desde el comienzo de las hostilidades, cada semana hemos tenido noticias del estado de ánimo de Abd-el-Krim, y él también ha sabido nuestras intenciones, completamente pacíficas. Conste, pues, que en las comunicaciones con Abd-el-Krim hemos procedido de acuerdo con España. Tenemos condiciones de paz, nada humillantes para el enemigo, pero en las que no ha de ver impotencia ni temor. Hemos concertado con España la incomunicación hermética del enemigo; reconocemos que puede resistir aún, y necesitaremos ejercer una doble presión por mar y tierra, sin fin alguno de conquista; pensamos que será suficiente; pero si no lo fuera, recurriremos a otros medios."

A Francia le urgía la paz. A nosotros nos interesa mucho. ¿Quién quiere la guerra? La guerra no pueden quererla más que los negociantes poco escrupulosos, los grajos inhumanos de la guerra, a quienes interesa más su negocio que la vida de los combatientes... Y por esto, porque no quiere la guerra, España acepta con Francia la preparación de un pacto que ofrecer a Abd-el-Krim antes de que un frente francoespañol prolongue la lucha indefinidamente.

Monsieur Malvy—hilo más directo entre los Gobiernos español y francés—hace estas declaraciones, que permiten conocer las líneas generales del pacto elaborado:

"Conciliar el respeto a los Tratados con el libre desenvolvimiento de las poblaciones rifeñas. Creo que Abd-el-Krim, si, como dice, desea la paz con la misma sinceridad que nosotros, puede aceptar perfectamente el sistema que hemos proyectado. Y creo que aceptará la discusión.

"Gracias a la gestión de ciertas personalidades españolas hemos podido trabajar durante la Conferencia de Madrid, informándonos del estado de espíritu del jefe rifeño. Los españoles han estado en contacto con él mucho tiempo, aunque sin éxito, porque en todas las conversaciones Abd-el-Krim empezaba siempre por pedir armas... El resultado de nuestro trabajo es absolutamente serio, absolutamente sincero. No hemos querido hacer la comedia de proponer condiciones inaceptables para que las rechace, facilitando así no se sabe qué maniobra parlamentaria en Francia. Jamás me hubiera prestado yo a esto.

"Si Abd-el-Krim se aviene a negociar, como creo, habrá que reunir delegados rifenos, españoles y franceses. En este caso la unidad de miras de españoles y franceses es completa: Abd-el-Krim no debe contar con ninguna brecha en el frente diplomático que acabamos de crear. Si rechaza la paz, se encontrará con un frente militar francoespañol unido. Esto es ya seguro.

"Vamos a un reparto nuevo de las zonas marroquíes. Los rifenos podrán gobernarlas con una administración autónoma, bajo la soberanía del Sultán, como la zona española y la zona francesa. Sobre las fronteras de la zona rifeña nada se ha precisado en Madrid. Todos debemos consentir ciertos sacrificios necesarios."

El Sr. Echevarrieta, gran amigo de Abd-el-Krim, acompaña a los dos emisarios que han de llevar la oferta de paz... Y el momento adquiere un interés enorme, porque de lo que resulte de tal comisión depende la vida de muchísimos hombres y la tranquilidad de casi todo Maruecos.

* * *

Pero seguidamente surgen las dudas. ¿Qué garantías puede ofrecer la paz que concierte con las dos naciones el cabecilla?

El es quien hasta ahora lleva, al parecer, la dirección de las operaciones contra los ejércitos europeos.

Pero no hemos de olvidar las extrañas colaboraciones con que cuenta, y que hasta la fecha no se conocen en su totalidad y calidad. Por de pronto se sabe que aventureros de diferentes ejércitos—puede que oficiales expulsados—forman lo que pudiésemos llamar su "Estado Mayor". Figuran oficiales del Ejército alemán y turco y algunos franceses, ¡En todas partes hay traidores!... Entre esos oficiales franceses figura un teniente de Tiradores que perteneció a la guarnición de Uxda; un notable caid, caballero de la Legión de Honor; un comerciante francés de Mequinez, antiguo capitán de la escala de reserva, cuyo nombre es muy conocido en la región de Fez y Mequinez, y por último un antiguo comerciante de Casablanca, que dirigía un gran establecimiento industrial y que hizo perder a la Compañía que representaba cerca de 900.000 francos. ¡Lo que se llama un verdadero "hombre de negocios"! Según la misma Prensa del Marruecos francés, este comerciante es el "jefe de transportes de Abd-el-Krim". Hablando de estas gentes, Painlevé ha dicho: "Alrededor de Abd-el-Krim se ha situado toda una cuadrilla de *sin sueldos.*" Al final del primera Imperio francés, muchos *demi-soldes* buscaron el medio de vivir guerrilleando; les era igual batirse por unos que por otros; la cuestión era luchar y ganarse la vida luchando. Ahora ya no son gentes *demi-soldes*, sino *sans- soldes*: rusos, alemanes, turcos, etc., que se han puesto al lado de Abd-el-Krim para procurarse botín, si hubiera, que no lo habrá, y este medio produce esta lucha semimilitar y semiguerrillera."

Sin embargo de tan extrañas colaboraciones, no hay que negar que la personalidad de Abd-el-Krim haya adquirido relieve insospechado y que sea quien dirige la campaña. El ha logrado formar un bloque en el Rif como jamás lo formaron sultanes ni guerrilleros. Pero ¿quién nos dice que desaparecido Abd-el-Krim no queda el Rif, con su espíritu independiente y los jefecillos que aquél manejó, para llevar la guerra sobre el terreno, cosa que no ha hecho Abd-el-Krim? Un alto personaje musulmán llegado a Madrid y preguntado sobre la personalidad del cabecilla ha dicho de él cosas tan interesantes como éstas:

"Abd-el-Krim es un cabecilla rifeño cuya autoridad personal no pasa de las tribus levantiscas y rapaces, que le tienen por caudillo en su resistencia a la inevitable transformación de su suelo. El Islam le ignora, y la cultura islámica, que es un alto prestigio histórico, le repudia."

"Y se comprende. ¿Cómo van a sentirse representados por el jefe local de unas cabilas miserables, ajenas siempre a toda noción de cultura y refractarias a toda influencia civilizadota, unos pueblos como Turquía y Egipto, que fueron en el pasado y en el presente factores decisivos en el curso de los más importantes procesos de la Humanidad?"

"Cabe suponer que Abd-el-Krim haya aspirado en sueños a esta representación. Al fin y al cabo se trata de un hombre que ha hecho algunos estudios en Europa, que ha alcanzado un grado de instrucción suficiente para tener nociones generales de los problemas políticos de actualidad y participar en consecuencia de nuestros prejuicios y de nuestros errores. Y no sería raro que el prestigio local de su caudillaje se le hubiese subido a la cabeza, haciéndole 10-mar por realidad el fantasma literario de la unidad religiosa del Islam como instrumento de una revolución mundial."

* * *

Abd-el-Krim no ha hecho la guerra solo. Recordemos bien que las circunstancias lo han formado. Y que en esta lucha que ha organizado, factores muy importantes intervienen, a los que ignoramos si podría someter de llegarse a un pacto. Existen dudas muy naturales de que él pueda concertar una paz que cumplan las cabilas amantes de la rapiña y los jefecillos que las dirigen. Terminado éste, bien podía surgir otro. En Yebala, cuando Raisuni empezó a recibir apoyo de España, surgió El Jeriro. En el Rif había de seguir a Abd-el-Krim "Periquito el de los Palotes".

No hay que olvidar el proceso de la formación de este fenómeno histórico del Rif: el padre de Abd-el-Krim era caid de Beni-Urriaguel, sujeto, como todos, a la fuerza y decisiones de las *yemáas* (representantes más visibles de la cabila). Desde Axdir, como ya se sabe, tendió lazos de relación con los españoles del Peñón. Allí empezó a conocernos, allí empezó a despertarse su codicia cuando, con agentes europeos, supo el valor del subsuelo de su cabila. Agentes alemanes le enteraron de que el cobre y el hierro del "Cerro de las Palomas" eran una riqueza fabulosa, y el padre de los Abd-el-Krim empieza a ser el avaro para no hablar más que de sus minas. No busquemos, pues, ni un elevado fondo religioso ni de independencia en los primeros gérmenes de este proceso biológico. Tanto es así, que Abd-el-Krim, viendo muy lejos, hace que uno de sus hijos vaya a España a estudiar ingeniería de minas, mientras el otro lo instalaba en Melilla en directo contacto con los que más tarde o más temprano habían de ir chupando la zona que por los Tratados tenían asignada, donde estaban enclavadas las riquezas que para sí quería. Así preparaba su posesión o su mayor participación en ellas...

La rota de Annual dio un curso insospechado a los asuntos y una personalidad a su hijo que ni uno ni otro esperaban.

Y desde entonces, más que el ideal religioso y la independencia del Rif, cuya bandera levantó tan hábilmente para ganarse la voluntad de los suyos, como lo consiguió, Abd-el-Krim defiende sus minas. Pero tampoco es él solo a defenderlas, como no es solo en la campaña contra los cristianos. Acaso el propio cabecilla dude en esto de haber ido demasiado lejos, si una gran ceguera y envanecimiento no le ha cerrado los sentidos.

Porque en la organización que conocemos de la pretendida "República del Rif", las *yemáas* tienen cerca de Abd-el-Krim caíds que están alerta y vigilan con esa fe que sólo ellos tienen los intereses y la parte de los demás en el *negocio*. ¡Cualquier día dejarían escapar su participación Beni-Ulixec, Tensaman, Metiua, Targuits, Beni-Ytef, Beni-Tusin, Beni-Bu-Ifrah y puede que Bocoia, tan enemiga de los *urriaglis*! Y la voluntad de estas cabilas tiene sobre Abd-el-Krim una fuerza decisiva.

Porque creo que no hay realmente un verdadero ideal religioso, y sí muchas pasiones y muchos intereses encontrados en torno a las decantadas minas—intereses y pasiones fomentados por los europeos—, desconfío de que un pacto con Abd-el-Krim pudiese ofrecer a España y Francia garantías de paz, que por igual necesita Marruecos, víctima también en parte de los sueños del cabecilla.

* * *

En las negociaciones de paz con Abd-el-Krim, el caballo de batalla es la cuestión de fronteras, aunque no se llegan a hacer públicas con carácter oficioso. Diferentes periódicos dan algunas referencias que giran todas en torno a la cuestión de fronteras y la independencia del Rif.

Le Matin publica las siguientes condiciones de paz, como ofrecidas al cabecilla rifeño:

Primera. Abd-el-Krim reconocerá la soberanía religiosa del Sultán de Marruecos, Muley Yusef, o su sucesor regular.

Segunda. Francia y España reconocerán la autonomía administrativa del Rif.

Tercera. Las potencias reconocerán al Rif una fuerza de policía suficiente para asegurar su propia tranquilidad. Francia se encargaría de organizar los cuadros de esa policía y suministrar los elementos necesarios.

Cuarta. Las zonas de Melilla y Ceuta, en toda su extensión, serán reconocidas con toda propiedad a España. La zona de Ceuta tendría los límites siguientes: Al Norte, Estrecho de Gibraltar; al Oeste, zona de Tánger; al Sur, carretera de Tánger a Tetuán; al Este, el mar Mediterráneo, del río Martín a Ceuta.

Melilla, los límites siguientes: al Oeste, el río Kert; al Este, la orilla oriental de Mar Chica; al Sur, una línea que englobaría las minas actualmente en explotación; estas minas quedarían enclavadas en territorio español.

Quinta. Los límites del Estado autónomo del Rif seguirían al Oeste una línea pasando al este de la línea férrea de Tánger-Fez, cuya distancia mínima sería de 20 kilómetros.

Al Sur, los límites podían estar determinados por el Uarga y Luccus, por ser ambos ríos limitados para una orilla teórica a precisar.

Sexta. La zona del litoral comprendida entre el Océano Atlántico y la línea que pasa a 20 kilómetros al este del ferrocarril Tánger-Fez y del Lucus al Sur daría la vuelta por Tánger, que tendría la parte Norte, y la zona francesa, que tendría la parte Sur.

Este nuevo estado de cosas sería puesto bajo el *control* de la Sociedad de Naciones."

Otro periódico francés, atribuyéndolas a un alto personaje, publicó las condiciones de paz que Abd-el-Krim desea imponer.

Helas aquí:

"Primera. Reconocimiento con garantía de la Sociedad de Naciones del Estado rifeño, con un Estatuto análogo al implantado en Afganistán.

Segunda. El Sultán de Marruecos recibirá el título de Emir el Muminin (príncipe de los creyentes), y las oraciones serían dichas en su nombre.

Tercera. La frontera sería la orilla norte del Uarga; los yebalas serían incorporados al Rif con Larache, Arcila y Tetuán.

Cuarta. Ceuta y Melilla quedarían en poder de España, con un territorio suficiente para asegurar la defensa por tierra y por mar. Las minas situadas a 15 kilómetros al Sur de Malilla pasarían a propiedad de los españoles.

Quinta. Un ejército permanente, cuyos efectivos serían fijados por peritos, le sería otorgado al Gobierno del Rif, que volverá a tomar el mando de las tropas rifeñas en mayor número."

Aparte de estas condiciones, el mismo periódico publica una carta dirigida a M. Painlevé conteniendo las citadas condiciones de paz.

Comprenden además las mismas el cese completo de la propaganda panislámica en el Protectorado francés de Marruecos. Ninguna reparación sería acordada; un pequeño crédito sería dispuesto para permitir al Gobierno del Rif su instalación sólida.

Desde el punto de vista económico, acordaría ciertas facilidades, a cambio de las cuales los comerciantes recibirían ciertos privilegios en la región de Tetuán, de Axdir y de Larache. Francia y España, de común acuerdo, vigilarán los intereses principales del ferrocarril Fez-Tánger y Melilla-Taza desde el momento de su explotación.

Los tres beligerantes tomarán medidas inmediatas para establecer un armisticio, y particularmente levantar el bloqueo que afecta a las necesidades comerciales; se permitirá la entrada de una Misión médica en el Rif; se reconocerá a los rifenos como beligerantes; se devolverá sin indemnización la tercera parte de los prisioneros españoles y franceses."

A pesar de todo, estas y otras proposiciones de paz publicadas en Prensa extranjera son desmentidas. No conviene dar la sensación de que es Europa la que propone la paz a los rifeños...

Pero lo que es un hecho es que interesa conseguir la paz...

* * *

El presidente del Directorio justifica en unas declaraciones la decisión de España de aceptar ofertas sobre una paz razonable con Abd-el-Krim. Y sobre este punto y el cabecilla dice:

"Abd-el-Krim no es ni un fanático, ni un nacionalista ni un guerrero: es un ambicioso, reeducado a la europea; ha visto en el levantamiento del Rif el medio de realizar un gran negocio. Uno de estos días pudiera muy bien sorprender a la opinión dando a su aventura una solución tan brusca como inesperada.

"Hoy más que nunca, Francia y España están obligadas a terminar rápidamente la tarea que les ha sido confiada, so pena de ver el territorio marroquí transformado por los aventureros y los agitadores llegados de todas partes en un foco de agitaciones continuas.

"El mariscal Lyautey y sus valientes tropas saben lo que tienen que hacer. Por parte de España no habrá tampoco tergiversaciones. No se prestará a ninguna negociación que no implique por parte de los rebeldes sumisión entera al Sultán de Marruecos, al Jalifa de la zona española y reconocimiento completo del Protectorado.

"No hay que hablar de imperialismo ni de opresión; pero es preciso que el problema de Marruecos no se complique de día en día, eternizándose.

"Es una guerra dura. Pero las fuerzas españolas, en su noble campaña reciente (una para socorrer a los puestos avanzados, otra para replegarse a las líneas fijadas de antemano) han probado que tienen la experiencia, el material y el impulso moral suficiente para vencer a rifeños y yebalas.

"En resumen: España no tiene ningún deseo de reanudar la lucha; está dispuesta a escuchar toda oferta razonable de negociación; pero tiene el propósito firme de cumplir su mandato, abriendo en la zona de que está encargada una era de paz y de progreso. Perseverará inquebrantable en el plan que se ha trazado hasta que haya obtenido definitivamente los resultados que se ha propuesto."

* * *

Oficialmente, en España se confía en la eficacia de la colaboración franco española acordada en Madrid.

Pero abundan los escépticos.

Entre los que opinan que es tarde para la colaboración franco española figura el conde de Romanones, que entre otras cosas dice:

"La colaboración era necesaria; pero lo que ocurrió fue que, por la época en que la propuso, Francia estaba en otras condiciones estratégicas que las presentes y no nos tomó en cuenta como factor de esa colaboración.

"Lo que ocurre es que surgió el desastre de Annual y posteriormente el del 24, que es el más grave, a mi juicio, de los sufridos por España; y esto, además de rebajar nuestra importancia como factor considerable en Marruecos, permitía a Francia desenvolver su hasta entonces fácil política en Marruecos. Mientras Abd-el-Krim se volvía contra nosotros, Francia tenía libre sus manos para realizar su obra de protectorado con arreglo al plan por escalas, a varios años vista, según sus previsiones. Francia había caminado de triunfo en triunfo por los campos africanos, y esto, naturalmente, la llevaba a escuchar distraída los propósitos de colaboración por el lado español...

"Con esta confianza en sí misma, confirmada por los hechos, llegó junio de 1924. Abd-el-Krim se revolvió otra vez contra nosotros, y Francia en tanto realizó las operaciones del Uarga.

"Entonces era la ocasión de haber realizado la cooperación entre los dos países, sin necesidad de protocolos, convenios ni conferencias.

En aquel momento, al surgir las dificultades guerreras, el general Primo de Rivera debió coger el vapor, marchar a Casablanca y entrevistarse inmediatamente con el general Lyautey, quien bien lo merecía por su alta autoridad y experiencia, y desde aquel momento dar comienzo a la colaboración francoespañola. ¿Por qué no se hizo? ¿Es que entonces no se era francófilo y un año después sí?

"Entonces debió hacerse; ahora, no. Esta es la novedad de mi actitud. Yo, francófilo de siempre, entusiasta partidario de esa inteligencia, amigo de Francia, digo que hace un año sí se debió llegar a la cooperación; hoy, no.

"... Hace un año, y antes de la retirada de Xauen, sí; antes de la rectificación de nuestra línea y de dejar reducida la zona ocupada por nosotros a diez o catorce mil kilómetros cuadrados. Nosotros debíamos haber permanecido en Xauen, porque uno de los principios de la colaboración estaba en permanecer fieles a que nos obliga nuestra condición de vecinos de Francia en Marruecos y de colaboradores; porque para que uno de los ocupantes de una de dos casas vecinas abandone ésta y la derribe es necesario que tenga en cuenta la pared medianera. Al derribar la medianería puede muy bien dar ocasión al derrumbamiento de la casa de al lado. Y aquello trajo esto. El abandono de Xauen fue la causa de cuanto sobrevino después y lamentamos ahora. Así, que colaboración para volver a Xauen o a otros lugares de los abandonados, o para desembarcar en Alhucemas, o sea para rehacer lo deshecho y que realizado estaba, no.

"Porque no basta declararse a sí mismo responsable de una política. A mí y al país eso no nos basta, porque después de que se hayan sacrificado nuevas vidas y ocasionado nuevos gastos, ¿con qué se indemniza a éste, con qué se le paga? Ni la responsabilidad ni la vida de un gobernante pueden compensar de los daños irreparables que se nos produzcan, que es lo que hay que evitar precisamente.

"Colaboración franco española sin Parlamento, sin Prensa, sin que la opinión esté informada, a espaldas suyas, no. A la luz del día, de modo que el pueblo español pueda medir la cuantía y la proporción del compromiso que contrae y dar su aquiescencia o su aprobación, sí. Porque hoy nos encontramos con que es preciso realizar un nuevo esfuerzo para que esa pared medianera que se derribó tan ligeramente sea reconstruida. Y esto es lo que asusta. Llevar a cabo nuevas operaciones, como la de Alhucemas, que pueden costar al país miles de bajas, no. Alimentando engañosas ilusiones del pueblo francés, que no podrán cumplirse, y para causar luego una decepción, no."

El general Primo de Rivera hubo de contestar a estas sensacionales declaraciones, y en b que se refiere a la colaboración preconizada por el conde de Romanones, dijo:

"Aduce el declarante haber sido siempre partidario de la cooperación francoespañola en Marruecos, y trata de justificar su aserto con sus discursos de Sevilla y otros, siendo de lamentar que no lo justifique con algún acto de gobierno, ni como presidente ni como ministro de Estado, cuyas funciones ejerció tanto tiempo. Dice luego que el "desastre" del 24 ha sido e' más grave de los sufridos por España, con lo que quiere decir que fue más grave que el de Annual. En ese "calificado" desastre del 24 se han salvado más de cien guarniciones, se abrió la comunicación cortada con Tánger y con Xauen, manteniéndola a viva fuerza cuarenta y siete días, hasta evacuar el último enfermo, el último hombre, el último caballo y el último cañón, salvo un cortísimo número de inutilizados, sin más episodio adverso, pero también con logro del objetivo, que el producido el 19 de noviembre por un fortísimo temporal, unido a la desgracia de la muerte del general jefe de la columna, que a las veinticuatro horas se enterraba piadosamente en Tetuán...

"Respecto a si el 6 de septiembre debió el presidente del Directorio acudir a Casablanca a solicitar allí en aquel momento de ahogo la colaboración francesa o ir a Tetuán, encontró más eficaz y más digno esto último, y ponerse al frente del ejército, realizando con él el glorioso esfuerzo que admiran iodos los españoles y muchos extranjeros, menos el conde de Roma-nones, lamentando esta diferencia de juicio que de él le separa.

"Para obrar de un modo o de otro no había para qué tener en cuenta sentimientos de francofilia, tan extemporánea e imprudentemente sacados a cuento; había sólo que inspirarse en el bien y la dignidad del país. El presidente fue aliadófilo en los días más difíciles y amargos de Francia; pero es ahora jefe del Gobierno español, y no tiene ni manifiesta otros sentimientos que los que al país convienen."

Sin embargo de estas polémicas, la suerte está echada, y entre Francia y España hay acuerdos de colaboración marítima y terrestre cuya amplitud iremos conociendo.

UAZAN Y LA COLABORACIÓN FRANCOESPAÑOLA EN EL LUCCUS. —LOS PRIMEROS MOVIMIENTOS COMBINADOS

El mes de julio termina en la zona francesa con una fuerte presión enemiga a todo lo largo del frente, pero más acentuada en el sector de Uazan y nortes de Taza y Fez. En el sector de Uazan, los rebeldes estrechan más el cerco a la ciudad, acudiendo fuertes contingentes de toda Yebala. Atacan la posición de Tafran con extraordinaria violencia, e intentan apoderarse de la de Yedek, mientras en la región de Taza el enemigo ocupa y fortifica fuertes posiciones entre Taza y Bab Marouh, interceptando los convoyes franceses y apoderándose de algunos.

En la región de Fez, otro golpe a la posición de Ain Aixa por los rebeldes y el cerco a Taunat más violento, haciéndose más difíciles y costosos los convoyes. Los objetivos del enemigo son Uazan y las comunicaciones Taza-Fez. También hace fuertes trabajos de defensa entre Fez-el-Bali y Myará, e intensifica la propaganda de rebeldía entre todos los aduares del Este, que, de levantarse, harían el corte simultáneo de las comunicaciones con Argelia.

Pero días después el recrudecimiento del ataque a los puestos del círculo de Uazan obligó a los franceses a abandonar Zaiudur, Brischa, Ulad Alai y otras, y pensar en libertar por la zona española las guarniciones de varias, entre ellas la de Rihana.

Se planeó algo parecido a lo que durante el desastre del 21 se hizo con algunas guarniciones nuestras, que se libertaron por zona francesa.

Fueron acudiendo a la lucha, uniéndose a los de Erhona y Guezaua, contingentes del Ajmas, Ahí Xerif y Beni-Aros, atraídos por el botín... Pero el enemigo se adelanta a los planes franceses y antes de que, como habían proyectado, se salvara por la zona española la guarnición de Rihana, le estrechan el cerco los rebeldes y la guarnición se rinde. Cae en poder del enemigo esta hermosa posición, amurallada, con sus ocho cañones, ametralladoras y los mil hombres que aproximadamente la formaban, que son llevados a Xauen... Los aviadores pueden ver, volando sobre ella, cómo los moros cargan en borricos los restos de las posiciones abandonadas. El grupo móvil va estableciendo algunos puestos, más cerca cada vez de Uuazán, a medida que va evacuando o van cayendo los avanzados en poder de los rebeldes.

Pero esto no resolvía la situación. El abandono del cinturón de posiciones que constituía la seguridad de la ciudad santa marcaba para ésta un peligro gravísimo. Comentando esto y comparando esta situación de Uazan con Xauen, escribía yo oportunamente: "Las posiciones que hoy abandonan los franceses en las montañas que guardan la ciudad santa son a ésta lo que Mura Tahar y Mixcrela eran a Xauen: un cinturón exterior de seguridad dominando las cabilas que repulsan ese dominio y lo combaten abiertamente... Si se pierde ese dominio sobre dichas cabilas, la seguridad de la ciudad peligra, y para mantenerse en ella será preciso aumentar el número de puestos en un círculo más reducido, cuya eficacia no se puede garantizar."

Así ha sucedido. La propaganda enemiga logró prender finalmente en las cabilas del sur de Uazan y amenazar las comunicaciones entre Arbaoia (frontera de la zona española) y Kenitra. Venían diferentes tribus situadas en dicha región anunciando a las autoridades francesas que agentes enemigos hacían sobre ellos fuerte presión, y que, caso de no enviárseles refuerzos, se verían precisados a seguir el movimiento. Los franceses, no pudiendo hacer frente a la tormenta, les dijeron que nada podían hacer de momento. Y les dejaron en libertad de acción. Las partidas enemigas llegan, al fin, en los primeros días de agosto a interceptar la comunicación entre Arbaua y Kenitra, atacando y asaltando algunas casas de colonos en el Zoco del Arbaa, a escasos kilómetros de la frontera.

Y el Mando francés se ve obligado entonces a enviar rápidamente abundantes refuerzos de caballería y carros de asalto. La harca, concentrada y fortificada en Yebel Sarsar, se dirige hacia el Sur. Doce aviones salen a primera hora de la mañana del aeródromo de Uazan y arrojan infinidad de metralla sobre los poblados de dicho monte, que, unidos a los rebeldes, han dejado a éstos campo libre para sus hazañas. El grupo móvil acomete una gran operación para despejar el terreno invadido, y tiene varios encuentros con el enemigo, siendo detenido en algunos puntos por éste.

Se planea una nueva operación con la colaboración de numerosos carros de asalto, cuyo objetivo es el Yebel Ajsen, macizo cubierto de abundante vegetación, donde el enemigo, creyéndolo fortaleza inexpugnable, había construido cuevas y trincheras para defenderse en él y no abandonar el territorio ganado. La intervención de los carros de asalto en esta operación fue felicísima, pues llegando hasta la boca de algunas cuevas ametrallaron a los rebeldes, que tuvieron que abandonar en el campo más de cincuenta cadáveres y un centenar de heridos.

La impresión causada en las filas enemigas por la intervención de estos artefactos de guerra fue enorme, notándose su repercusión en los días siguientes a este combate, durante los cuales mejora algo la situación en la región de Uazan. Está visto que a estas alturas un buen castigo es lo único que tiene influencia positiva entre esta gente.

Más al Este, la presión enemiga se hizo tan fuerte sobre el puesto de Ain Bu-Aissa, que el grupo móvil hubo de operar para evacuarlo y destruir sus defensas, para que no fuesen aprovechadas por el enemigo...

Poco a poco el abandono de puestos franceses en toda la región de Uazan va reduciendo la línea a muy escaso número de puestos, y es por esto por lo que las comunicaciones entre la frontera de la zona española y Kenitra llegan a verse muy comprometidas. Los colonos de la región, objeto por otra parte de varios asaltos por los insumisos, se reúnen en vista de estas circunstancias y elevan al Alto Mando francés un enérgico escrito pidiendo protección y achacando "a indiferencia e inercia de las autoridades de intervención militar los desmanes del enemigo, e invitando al Gobierno del Protectorado a obrar con más vigor energía".

Como cada día fue más próxima a la línea de comunicaciones la actividad enemiga, y como tales sucesos podrían tener repercusión enojosa en nuestra zona, es por lo que se decide entre los mandos francés y español operar combinadamente en el Luccus y cerrar la línea a una misma altura.

* * *

A nosotros nos interesa mucho la suerte de Uazan. No debemos olvidar su vecindad con Alcazarquivir, su emplazamiento como frontera. Los franceses tienen que evacuar nuevos puestos ante la avalancha enemiga, entre ellos el de Zendoula, que ya estuvo sitiado otra vez... Las defensas de la posición y el material fueron inutilizados. La columna del coronel Defiere apoyó la evacuación haciendo un avance; pero al replegarse a su base fue sorprendida por una hábil maniobra enemiga encaminada a cortarle la retirada.

El combate sostenido fue duro, registrándose serias pérdidas por ambas partes. Esto nos inquieta.

En todos los cambios de impresiones tenidos entre los Mandos francés y español para la colaboración terrestre han tratado de la urgencia de rectificar la línea en esta frontera Alcazarquivir-Arbaua-Uazan, cuyo punto central, como divisoria, es el río Luccus.

Las operaciones combinadas urgían para evitar que los rebeldes obtuviesen un éxito de esto apoderándose de Uazan y viniesen luego sobre Alcazarquivir.

Esta es una de las razones que nos obligan a colaborar ayudando a los franceses, aunque éstos no estuvieron muy propicios cuando un levantamiento general en nuestra zona y una ayuda muy directa de elementos refugiados en la francesa estuvieron a punto de hacernos fracasar en nuestra empresa.

Como urgía también a los franceses, se aceleran en lo posible los acontecimientos.

El general Riquelme visita y conferencia con Lyautey en Rabat sobre los planes del Luccus. El mariscal Pétain hace un viaje a Tetuán para ultimar detalles del plan de colaboración, y ambos generales constatan las disponibilidades de los dos ejércitos para la acción combinada a acometer frente al enemigo común.

La colaboración terrestre francoespañola empieza al fin el 11 de agosto con una breve serie de operaciones combinadas sobre el río Luccus, en las que actúan las tropas francesas del grupo móvil del coronel Freyndmberg, apoyadas por las fuerzas españolas de la zona de Larache, mandadas por el general Riquelme.

Los detalles de las operaciones en cada caso sería labor a realizar por los Mandos de los dos Protectorados.

Con ocasión de estas operaciones del Luccus, preliminares de la colaboración, los detalles de conjunto se ultimaron en una conferencia celebrada en la posición de Arbaua, a la que asistieron el coronel Freindemberg, jefe del grupo móvil que iba a operar; el jefe de Estado Mayor de la zona de Larache y el coronel García Boloix, jefe de la columna que había de actuar en combinación con la francesa.

Ya el coronel Freyndemberg había enviado a Tetuán su plan de operaciones sobre el Luccus, objetivos a conseguir por su grupo móvil, situación de las concentraciones enemigas y apoyo que, a su juicio, necesitaba de las tropas españolas para asegurar el éxito.

Los planes eran salir de Zaituna y Bu-Nidar para llegar hasta la orilla del Luccus, ocupando Anesoud y estableciendo una fuerte posición a la altura de nuestra línea. Luego hacia el Sur, limpiar de enemigo el valle del Luccus y acometer la ocupación del Yebel Sarsar, donde los rebeldes se habían hecho fuertes construyendo numerosas obras de fortificación.

Asisto a estas operaciones, y sobre el terreno me doy cuenta perfecta de cómo se había combinado por los Mandos español y francés el desarrollo de esta operación. En la otra orilla del Luccus los franceses tenían que ocupar una altura dominante sobre el Luccus que fuera punto de unión con la posición avanzada en la orilla contraria del río: Ain Heyel. De manera que la columna Riquelme tiene la misión de ayudar al grupo móvil del coronel Freyndemberg para que corone su objetivo con más facilidad. Y al efecto, frente al objetivo francés, pero desde nuestra orilla, las tropas se han colocado en distintas posiciones, formando una especie de semicircunferencia: Ain Heyel, Gorra, Besbas, Geuixa y alturas de Beni-Jeril y Bab-el-Chol, con artillería y ametralladoras para batir todos los flancos que tienen en su avance los franceses e impedir que los núcleos enemigos pasen a nuestra zona.

El grupo Freyndemberg había salido de madrugada, de noche más bien, dividido en dos grupos: uno que partió de Bu-Nidar y otro de Zaituna, campamento que han convertido los franceses en un soberbio campo atrincherado: siete batallones marroquíes, uno de la Legión; una compañía de carros de asalto, tres escuadrones de "spahis" y tres baterías; unos nueve mil hombres.

Los primeros en actuar son los aviones españoles y franceses de las escuadrillas de Larache y Uazan, que vuelan audazmente sobre la cuenca del Luccus e inician un violento bombardeo sobre los aduares y escondrijos enemigos. Es bonito contemplar el vuelo de los aparatos de ambos ejércitos indistintamente sobre zona española o francesa, persiguiendo al enemigo y apoyando el avance quema el poblado rebelde de Ain Halal, situado en las estribaciones del Yebel Sarsar. Otro bombardea Ketama...

Como se había acordado en la conferencia preliminar entre ambos Mandos, las señales para hacer fuego artillero o suspenderlo, etcétera, se harían por medio de cohetes luminosos, banderas, etc. Así, esta mañana un cañonazo de la posición de Gueixa es la señal para que todas las baterías que nuestras tropas tienen apuntadas sobre los flancos y aledaños del objetivo francés inicien el fuego combinadamente con la aviación, que está en vuelo constante. La operación es preciosa. El poblado de Anesoud, que tomó parte muy activa en la rebelión, tiene cerca de cien casas, y se albergan en él más de seiscientos enemigos. Pronto la metralla y granadas incendiarias prenden las "jaimas", y gruesas columnas de humo y llamas manchan el azul...

He aquí los resultados inmediatos de esta acción combinada: el enemigo, que ante el avance francés se disponía a la defensa, se ve atacado de flanco y retaguardia por el bombardeo de la artillería y aviación españolas. Los dos grupos de la columna Freyndemberg avanzan sobre su objetivo, llevando en vanguardia a los bravos "spahis" y los carros de asalto, que van abriendo marcha por las pequeñas veredas que cruzan el terreno en todas direcciones. Sus baterías baten también todo el frente, y la preparación artillera, combinada y complementada por las escuadrillas de los dos ejércitos, es de una eficacia absoluta. El enemigo abandona el poblado y huye hacia el Norte, en vista de que al intentar cruzar el Luccus y meterse en zona española tampoco puede hacerlo por el intenso fuego que le hacen la artillería de Gorra, las ametralladoras de Ain Heyel, nuestros carros de asalto, que avanzaron hasta los barrancos del Luccus, y las fuerzas indígenas, que tenían taponados todos los vados y accesos del río.

A las siete de la mañana los "spahis" han coronado Anesoud, cuyo poblado "razzian", y el grupo Freyndemberg se empieza a instalar en las inmediaciones del poblado, que es una inmensa hoguera... Y no hay una sola baja, habiéndose hecho al enemigo varios prisioneros.

Con el general Riquelme nos trasladamos a Ain Heyel. El coronel Freyndemberg, acompañado de varios oficiales de la columna, cruza el Luccus y viene a saludar a nuestro general. Los saludos entre la oficialidad francesa y española son cordialísimos. Se comentan las incidencias de la operación.

Riquelme y Freyndemberg, contemplando la zona de operaciones, cambian impresiones sobre avances próximos. Freyndemberg había enviado previamente desde Mzefroun una carta a Riquelme diciéndole que el 11 iniciaría con su grupo el ataque.

El general Riquelme quiere devolver la visita y salimos con los dos jefes para el poblado de Anesoud.

Por rápidas pendientes a veces, otras cruzando sembrados de zahina u olivares en plena primera línea, bajamos al famoso Luccus para vadearlo y pasar a la zona francesa. En nuestra orilla, fuerzas regulares y mehalas montadas guardan el paso. A la orilla opuesta, un escuadrón de "spahis" rinde honores a nuestro general.

Hace un calor terrible. El sol cae sobre estos campos con fuerza abrasadora. Y el incendio de los aduares hace irrespirable la atmósfera.

Cuando subimos a Anesoud el poblado está casi destruido, y las tropas francesas—todas marroquíes, sólo un batallón de la Legión— destruyen todo lo que pueda estorbar para el emplazamiento de la nueva posición. Es pintoresco el golpe de vista que presentan estos montes, cubiertos de alta gaba, entre la cual los soldados franceses, buscando un poco de sombra, han hecho pequeños refugios con las tiendas individuales.

Ante el general Riquelme desfilan los restos de una compañía de tiradores del grupo de Freyndemberg, de la que sólo quedaron estos veinte hombres, que al mando del teniente Chassang evolucionan ante nuestro general. Riquelme los felicita.

Después, en la tienda del coronel Freyndemberg, se nos invita a un "pernord", que apaga en parte la sed terrible que nos seca la garganta. Riquelme es invitado a comer por Freyndemberg. Y éste nos ruega compartamos la comida de sus oficiales.

Y con el comandante de los carros de asalto, el capitán aviador de enlace de la columna y varios oficiales de tiradores almorzamos en Anesoud, mientras el poblado sigue ardiendo y poniendo en la cuenca del río famoso la nota de destrucción y guerra.

Y mientras se elevan al cielo las columnas de humo y llamas, los militares franceses y españoles levantan sus copas por el éxito de la colaboración franco española...

* * *

Este golpe sobre Anesoud tiene una favorable repercusión.

Los colonos del Garb, inquietos por los ataques repetidos de que fueron objeto, empiezan a tranquilizarse. De otro lado el enemigo ve que de esta estrecha colaboración de las tropas españolas y francesas va a salir malparado. Y al día siguiente numerosos contingentes de Ahl Xerif acuden pidiendo el "aman". Le imitan en la zona española Ketama y Beni-Halef, que por pertenecer a la zona francesa son enviados por nuestras autoridades a la posición francesa de Arbaua, dejando entretanto en nuestro poder cuantiosos rehenes.

Y lo que es más importante: el enemigo que estaba en Yebel Sarsar empieza a retirarse. La segunda operación para descongestionar el Sarsar cuesta a los franceses un mínimo esfuerzo, teniendo igualmente nuestro apoyo desde la posición de Besbas y el Uad Sedra.

Los Mandos francés y español cruzan nuevamente el río Luccus y fraternizan en comidas íntimas y nuevos discursos, celebrando el buen éxito de estos primeros actos de colaboración de los dos ejércitos, que debió empezar cuando, firmado el Tratado de

1912, echábamos mano franceses y españoles a esta ardua tarea de pacificar Marruecos... "Otro gallo nos cantara" si tal se hubiese hecho, y no tendríamos que lamentar hoy tanto dolor ni tanto desgaste.

Esta simpatía e inteligencia que se inicia entre nosotros pone a los cabileños en guardia. Antes podían actuar más tranquilos, sabiendo distanciadas a las dos naciones. Mientras atacaban ellos a una sabían que contaban con la neutralidad de la otra. Y se apuntaban buenos tantos.

Ahora la cosa varía. Un ataque simultáneo de los dos ejércitos, una represión simultánea del contrabando, una acción defensiva y ofensiva, en fin, de las dos naciones contra sus iniciativas ya hace variar muy desfavorablemente para ellos la cuestión. He ahí el punto más interesante que para España en particular, y el problema de Marruecos en general, tiene la colaboración francoespañola.

¡A Abd-el-Krim lo hemos hecho los que hoy nos tendemos las manos para colaborar contra él!

LA PAZ OFRECIDA A ABD-EL-KRIM

El problema en general sigue sin visos de solución, más grave cada día. El Rif, principal nudo de la cuestión, sordo a las tentativas de paz que por parte de Francia y España se han hecho y no se han ocultado.

El Directorio ya lo dice en una nota oficiosa que publica en agosto:

"No hemos omitido medio para lograr una paz que permitiese cumplir nuestra misión de protectorado sin otros sacrificios que los pecuniarios indispensables, y a ese fin las varias veces que Abd-el-Krim vino a nosotros en demanda de esa paz encontró cuantas facilidades podíamos ofrecerle dentro de los compromisos internacionales que limitaban nuestra libertad de acción.

"Todos estos intentos fracasaron, porque el cabecilla rebelde, que hacía estas gestiones sin duda en la idea de ganar tiempo para recoger cosechas, para ultimar preparativos y ofensivas alevosas que alterasen el orden o para atenuar los efectos de nuestra acción ofensiva, siempre limitada a lo indispensable para lograr esa paz, basaba toda negociación en pretensiones tan absurdas cuales eran la independencia absoluta e incondicional del Rif, la entrega por nuestra parte de copioso y nuevo material de guerra, incluso aeroplanos, y la de cuantiosas sumas, como indemnización, sin duda, a sus crímenes del año 21, sin que a cambio de tan inadmisibles pretensiones ofreciese garantía alguna de que esa paz, imposible de concertar, había de ser duradera y eficaz.

"No era posible entrar en negociación ante exigencias que sólo caben en quien, como Abd-el-Krim, no quiere la paz porque vive y medra a costa de la guerra. Concertados con Francia, y deseosos los dos países de agotar los medios pacíficos, porque su actuación protectora es obra de civilización y de humanidad y no de guerra, convinieron unas bases en las que se llegaba en las concesiones al límite de generosidad extraordinaria, pues se concedía a la zona rebelde una amplísima y liberal autonomía, bajo la soberanía nominal del Sultán, con delegación en el jalifa en zona española, dando todo género de facilidades para que las zonas hoy rebeldes del Rif y de Yebala pudieran gozar las ventajas de la civilización, aunque ello obligase a ambos países a sacrificios de orden económico, que demostrarían una vez más ante el mundo el desinterés que les guía en esa obra de protectorado que les ha sido encomendada.

"Aunque no haya mediado negociación alguna, porque no podía mediar sin que partiera la iniciativa del rebelde a la autoridad del Sultán, que es la legal, ambos Gobiernos tienen la certeza de que Abd-el-Krim conoce esas bases, como la tiene también de que insiste en su idea de no admitir nada que no sea el reconocimiento del estado independiente del Rif.

"En estas condiciones no es posible negociar, porque esa condición es contraria a los tratados y a los compromisos internacionales, de los cuales Francia y España no podrían separarse sino exponiéndose a plantear de nuevo inmediatamente, y arrostrando gravísimos peligros, el problema marroquí; ello aparte de que el atraso de la zona rebelde no permite arrostrar el peligro de concederle semejante personalidad sin tutela ni garantía alguna.

"Ambos Gobiernos tienen la tranquilidad de haber interpretado el sentir de los respectivos países, agotando los medios para ahorrar la sangre de sus soldados. Pero no podemos traspasar con nuestra generosidad límites que conducirían a peligros mayores que los que tratamos de prevenir.

"Dentro de las condiciones razonables por nosotros concertadas, en las que no pueden dejar de tomarse garantías que aseguren una paz duradera y que no se reduzca a una añagaza por parte de los rebeldes para mejorar de situación, nuestros brazos están abiertos para acoger a los que a aquélla se avengan.

"No somos nosotros los que queremos continuar la guerra. Nuestros anhelos son de paz y concordia. Son los secuaces del fanático Abd-el-Krim y éste los que contra todo principio de humanidad llevan a su pueblo a una absurda guerra, que sólo han de conducirle a su aniquilamiento, pues al fin y al cabo resultarán vencidos por el Majzén, al que amparan las dos poderosas naciones que por un santo ideal de civilización y desinteresadamente actúan en Maruecos.

"¡Dios lleve la razón a los alucinados que conducen a su pueblo a la ruina! De ellos depende la paz, a la que dentro del régimen autónomo, modelo de desinterés y liberalidad, se avendría el Majzén, autorizado por los dos países protectores, y a ellos cabría exclusivamente la responsabilidad de una guerra que nadie quiere y que habrá de intensificarse lo necesario para lograr a toda costa esa paz y evitar que eternamente prosiga este estado de cosas que enerva a países que necesitan dedicar todas sus energías y desvelos a su propio desenvolvimiento."

Simultáneamente el Gobierno francés daba a su país cuenta de las negociaciones de paz con Abd-el-Krim de la siguiente manera:

"Habiendo afirmado emisarios de Abd-el-Krim el deseo del cabecilla rebelde de ahorrar efusión de sangre, los Gobiernos francés y español se pusieron de acuerdo acerca de las condiciones que habían de establecerse para que pudiera reinar en Marruecos una paz justa y duradera.

"Aun cuando Abd-el-Krim había juzgado hábil hasta el momento presente no darse por enterado de estas condiciones de paz que debía conocer por mediación de sus emisarios, no puede suponerse que las ignorara.

"Sabía perfectamente que la cláusula esencial conforme con la voluntad de los representantes de la nación francesa era garantizar a las tribus rifeñas y a los yebalas la autonomía administrativa, económica y política, siempre dentro del cuadro de los Tratados; es decir, bajo reserva del reconocimiento por ellos de la soberanía del Sultán y del Jalifa.

"Hasta ahora los emisarios que sin mandato preciso, procedentes de Abd-el-Krim, pretendían hablar en su nombre y conocer su pensamiento, se dirigieron aisladamente unas veces a funcionarios franceses y otras al general Primo de Rivera, y estuvieron todos de completo acuerdo en afirmar que Abd-el-Krim antes de entablar negociación alguna exigiría el previo reconocimiento de la completa independencia del Rif; condición contraria a los Tratados y compromisos internacionales, de los cuales Francia y España no pueden en modo alguno desligarse, y condición cuya aceptación hubiera renovado inmediata y peligrosamente toda la cuestión marroquí.

"El Gobierno francés tiene la seguridad y la conciencia de haber obrado en todo momento de conformidad con la voluntad y el deseo de la nación francesa, con objeto de ahorrar la preciosa sangre de sus soldados; pero la generosidad de Francia no puede en manera alguna rebasar el límite, traspasado el cual se engendrarían el día de mañana peligros más grandes todavía que los actuales.

"Las negociaciones y *pourparlers* no han retardado nunca en ninguna ocasión los preparativos de operaciones militares y el envío de fuerzas capaces de evitar la repetición de las agresiones de que los franceses han sido víctimas.

"Francia ha tratado todavía una vez más, dentro de los límites de lo posible, de establecer la paz en Marruecos antes de proceder a desplegar y demostrar su fuerza.

"Los rifenos deben, pues, escoger sencillamente entre la paz y la guerra."

SEGUNDA PARTE

DEL UARGA A ALHUCEMAS. —ATAQUE A LA ISLA. —LOS PREPARATIVOS PARA EL DESEMBARCO

De la Conferencia francoespañola celebrada en Madrid salió el plan de ataque al poderío de Abd-el-Krim.

A España se le daba, entre otros objetivos a realizar, el de entrar de frente en Alhucemas.

Francia, por su parte, establecería su antigua línea, y por el Norte de Uazan y Kifane cooperaría con las tropas españolas a ir cerrando las fronteras y buscar el desmembramiento del bloque rifeño. Es decir, se buscaría poner dos a modo de ventosas, de Norte a Sur, para obligar a Abd-el-Krim a repartir sus efectivos en los frentes de combate.

Con esto, quienes de momento salían más beneficiados eran nuestros convecinos; pues asignada a nosotros la "papeleta" de entrar de cara en Beni-Urriaguel, era indudable, pues el cabecilla había de reconcentrar sus hombres para defender su propio nidal.

La empresa, juzgada de momento, parecía temeraria. Una y otra vez se tuvo planeada la operación y no se llevó a cabo, no obstante ser las circunstancias más propicias y favorables.

Ahora los rifeños tenían acumulados grandes elementos. A los que ya poseían había que añadir cuanto había caído en poder de ellos con ocasión del desastre del Uarga. Desde la isla de Alhucemas, y los aviadores desde el aire, se les veía cómo traían y montaban a diario piezas de grueso calibre, cómo abrían trincheras y nidos para ametralladoras...

Tomar de frente la bahía era empresa cuyo éxito fue puesto en duda aun por los técnicos...

Y sin embargo, en la Conferencia de Madrid se había acordado así, y Primo de Rivera y el mariscal Pétain habían ratificado sus planes y acuerdos en la entrevista celebrada en Algeciras.

Hay un período de preparación por nuestra parte, para acumular elementos, preparar las tropas que han de tomar parte en el desembarco de Alhucemas y ultimar detalles de este ciclo de operaciones, que ha de llevarse a cabo con la estrecha colaboración la Marina.

Mientras, Francia, que fue acumulando en su zona exorbitante cantidad de refuerzos, inicia con buena fortuna la contraofensiva, si bien luchando algunas batallas que le cuestan a su ejército de operaciones serias pérdidas, de las que no hablan muy claramente los comunicados oficiales...

Yo salté del Uarga a Alhucemas, es decir, al Peñón; porque precisamente cuando Primo de Rivera y Pétain conferenciaban en Algeciras para planear la campaña contra Abd-el-Krim, éste iniciaba un violento cañoneo sobre la isla.

* * *

Mi viaje a Alhucemas lo hago a bordo del *España 5*, con bonanza y al hilo de la costa enemiga.

Un cielo azul y un mar tranquilo. Abandono Melilla cuando la ciudad toda está pendiente de grandes y próximos acontecimientos militares, ante la concentración de columnas y el arribo de la escuadra francesa que ha de tomar parte en las operaciones combinadas...

Desde la borda contemplamos el panorama de esta gran ciudad hija de la guerra, que se extiende pletórica de vida al pie del antiguo presidio y que tiene por fondo ese monte maldito que costó tanta sangre española: el Gurugú...

Cae la tarde, y la travesía sigue inmejorable. Sólo un ligero vientecillo pone en el mar una leve espuma, como de rizos de nieve. Ante nuestra vista tenemos todo el perfil de las montañas rifeñas, cubiertas por una débil neblina, como si nos las quisiera ocultar. Montañas negras, sin embargo, que reservan aún para Europa y para la civilización grandes sorpresas y dolores. Montañas entre cuyos pliegues una raza se niega a recibir la luz nueva y abrir los brazos a los que le ofrecen paz y bienestar...

Llegamos a Cabo Quilates al obscurecer. El *España 5* deja de andar y por radio se avisa al Peñón que los abnegados marinos de la Compañía de Mar estén preparados a fin de recoger a media noche el convoy. Hay que esperar a esa hora para evitar, en lo posible, los efectos del frecuente tiroteo enemigo. Con el mismo fin, los barcos quedan a diez millas de la costa.

Hacia las doce de la noche, los faluchos que atracaron al costado del *España 5* han cargado los víveres, agua y reses para la isla. Seguidamente saltamos a los faluchos.

Como medida de precaución se había dispuesto que se aprovechase la oscuridad para hacer el desembarco. ¡Pero hace una luna hermosa, que bruñe de plata las aguas de la amplia bahía!... Desde tierra, el enemigo, que está a 800 metros de la isla, en guardia permanente, ha visto perfectamente la maniobra de los lanchones que, escoltados por el guardacostas *Targa* hasta la boca de la bahía, nos conducen hacia el Peñón.

Seguramente en otra ocasión, la poesía de esta noche de luna y de la belleza de este mar terso y espejante nos hubiese arrancado alguna frase cursi. La claridad de esta noche molesta a todos, francamente...

Cuando entramos en la boca de la bahía, el *Targa* se detiene y las barcazas continúan la marcha enfilando ya decididamente al Peñón por la parte de La Pulpera, el pequeño desembarco de que dispone la isla resguardado del fuego enemigo.

Las barcazas van cortando el agua, rizando graciosamente la espuma a proa. Todos callamos. Es un silencio solemne que deja oír la canción del agua. Estamos a pocos metros de la playa enemiga y no ha sonado aún ni un disparo siquiera: la agresión que todos esperamos, especialmente al cruzar por los sitios enfilados desde la parte de los Morros Nuevo y Viejo, donde el enemigo tiene perfectamente estudiados los efectos de sus fuegos. Hay un momento de viva emoción en medio del silencio de la bahía, frente al Peñón, que semeja un gigantesco acorazado... Pero no pasa nada. Hemos llegado al pequeño desembarcadero que tiene la isla medio empotrado en la roca, y los marinos nos ayudan a saltar.

En la isla nadie duerme. Las noches de convoy difícil, cuando están rotas las relaciones con el campo, la oficialidad y la tropa están preparadas para cualquier eventualidad. Así esta noche nos reciben con el comandante Aguilar, jefe militar del Peñón, la oficialidad de la isla.

Hay calma relativa este día de mi visita. El campo se ha limitado a hacer fuego de cañón, ametralladoras y fusil a los aviones que han volado por encima del campo de Axdir. Como no hacen fuego sobre la plaza, nuestros cañones permanecen mudos. Es la consigna, aunque se les ve sin necesidad de gemelos hacer obras do atrincheramiento. Hay grupos de prisioneros trabajando en la construcción de cañoneras que deshicieron días antes las baterías de la isla...

Recorro las callejas estrechas, breves y laberínticas del Peñón. En algunos sitios dan la sensación de las grandes trincheras de la guerra europea. Infinidad de piezas de todos los calibres—abundando las de diez y medio—apuntan sobre los emplazamientos de las baterías enemigas. Las casas todas de la isla aparecen mordidas por los efectos del cañoneo enemigo, que logró derruir las paredes y techumbres. Los saldados de Ingenieros desescombran las callejas y refuerzan las defensas dirigidos por la oficialidad. Causa rabia y pena ver cómo este enemigo que nos vigila a pocos metros de aquí parece ayudado muchas veces por algo desconocido.

El caserío de la isla se ofrece de cara al campo por la pendiente de la roca. Este grave defecto ha habido que salvarlo en parte construyendo través, colocando chapas de acero en los sitios enfilados etc., que dieron muy buen resultado hasta que el enemigo empezó a tirar con rompedoras.

Ahora es preciso derrumbar los restos de muchas casas y convertir el Peñón en un fuerte. Sólo en el caso de ocupar la bahía podría renunciarse a estas obras, necesarias no sólo para salvaguardar la vida de los habitantes de Alhucemas, sino por nuestro propio prestigio. El problema de África ante estos moros dotados ya de toda clase de elementos es un problema de guerra moderna. Lo demuestra la agresión del día 20 de agosto.

Por la mañana habían puesto los moros en la playa bandera blanca. Cuando hacían esto era que deseaban hablar o enviar algo de los prisioneros.

En las aguas del Peñón se bañaban este día algunos oficiales. En la playa enemiga hacían otro tanto algunos rifenos. Es decir, todo daba sensación de calma.

Mas de pronto, a eso de las cinco de la tarde, las baterías enemigas de la bahía rompen el fuego sobre el Peñón; fuego de cañón, fusil y ametralladora.

Rápidamente acuden todos a sus puestos. La escasa población civil, de militares o cantineros, se resguardó en los refugios subterráneos de la isla.

El duelo de artillería es intenso a poco. Los contrarios disparan con rompedoras, que, dirigidas por manos expertas, tienen desgraciado acierto. Son rompedoras francesas, de espoleta muy larga, hechas así para que estallen a flor de tierra.

Los rebeldes toman como referencia de tiro la torre blanca de la casa del gobernador militar, que se alza altiva en medio del Peñón y dentro de las callejas; desperdiciando pocos disparos, estallan las granadas, que van causando desperfectos y bajas. Pero éstas, lejos de hacer que titubee nadie, acrecen el espíritu y el coraje de los defensores del Peñón. La artillería, sobre todo, bajo el mando del capitán Planell, contrabate el fuego enemigo. En la torre del Gobierno está el puesto de mando. En él el capitán

Planell, figura brillante de la defensa de la isla, da por teléfono a las baterías la orden y corrección de los fuegos sobre todo el frente. En las baterías de la isla, los tenientes García Moreno, Moyano, Alós, Bertrán, Várela, Soler, Gil Delgado, Tamayo y alférez Pagóla mandan sus Leerías con gran serenidad, permitiendo acallar los fuegos de algunas piezas contrarias. En la batería de la plaza de Armas, casi sin resguardo, fue donde se hizo más patente el espíritu de los bravos artilleros del Peñón. Caían las rompedoras en la explanada, clavándose los balines en la torre de la Comandancia y en la torreta del faro, pero nadie abandonaba su puesto. El artillero Armengol Guaro, catalán por cierto, dispara dos piezas a la vez, por haber quedado una de ellas sin sirvientes, fuera de combate...

El coronel Monasterio, comandante militar del Peñón, que ya estaba destinado fuera, recibe una herida leve en una mejilla, pero sigue recorriendo los distintos emplazamientos de la tropa, atento a la defensa y dando órdenes. Y cuando entra en el hospital para ver la cura de uno de los oficiales heridos, rompe una granada enemiga en la pequeña explanada inmediata y caen mortalmente heridos él y el teniente Pineda, de Ingenieros.

Se hace entonces cargo del mando el capitán Milla. La defensa sigue con admirable tesón, y es más vivo el duelo de la artillería entre la bahía enemiga y el Peñón. El teniente Alós enfila a una pieza de los rebeldes y después de algunas correcciones de tiro logra echarla por alto con sus sirvientes. Los artilleros se entusiasman y enardecen, dando vivas.

De pronto un disparo da cerca del puesto de mando del capitán Planell, que recibe una herida en la cabeza; pero aún continúa en su puesto hasta que se le cura ligeramente, pues quiere volver a dirigir la defensa. Con la cabeza vendada, teniendo dentro de ella un casco de granada y sufriendo ya la lesión a la vista, el bravo capitán Planell recorre las baterías, animando a los artilleros con vivas entusiastas, que aquéllos contestan enardecidos, vitoreando a su capitán.

De pie, en mangas de camisa, el pecho descubierto, de cara al campo rebelde, dando vivas a España para animar a su tropa, con las ropas empapadas en la sangre que manaba de BU grave herida, la figura de Planell desafiando al enemigo tenía un recio relieve de heroísmo exaltado y glorioso. Así está aún unas horas el heroico Planell. Pero la vista le iba faltando y le flaqueaban las fuerzas. El retraso de la cura le había empeorado. Entonces, cuando le vieron que apenas se podía tener en pie, sus oficiales, que le estaban aconsejando hacía rato que se retirase, lo retiraron a viva fuerza.

Y cuando por la noche fue embarcado para evacuarle a Medula, aún el héroe de la defensa del Peñón miraba al campo con ojos enfebrecidos y desafiantes...

Hasta las siete y media, ya obscurecido, no se pudo acallar totalmente 1 cañoneo enemigo. Fueron cerca de tres horas de fuego intenso. El enemigo debía de tener muchas bajas, pues nuestras baterías de quince y medio y las ligeras hicieron más de dos mil disparos, algunos muy afortunados, sobre los emplazamientos de las piezas contrarias.

Se sucedieron los actos brillantes. El teniente médico D. Evaristo Carreras, que fue herido en la cara y muslo, se niega a ser evacuado y sigue curando a los demás heridos. El sargento de Ingenieros Gabriel Fernández Cerralbo, que resultó herido en el parietal, no se quiso retirar tampoco ni curar hasta que curasen a los demás heridos, ayudando, en cambio, a retirar las bajas bajo el fuego enemigo.

La batería del teniente Moyano fue la más castigada. Algunas granadas, al caer contra las murallas, estallaban y entraban los cascos y balines en los puestos de observación y de mando, hiriendo a los artilleros por la espalda. Las baterías ofrecen en los potentes escudos impactos numerosos de cañón y ametralladora. Chapas de ocho milímetros de espesor hay que han sido perforadas y agarrotadas por los disparos enemigos de diez con cinco.

Una caldera destiladora de que está dotada la isla fue agujereada por los balines. La radio perdió la antena... En la parte del muelle Sur, que da cara a la playa enemiga, las granadas hicieron fuertes destrozos. Voló un puesto de ametralladoras, inutilizando la máquina, matando e hiriendo a varios sirvientes...

Jefes, oficiales y tropa de la guarnición de este pedazo de suelo español rivalizaron de manera extraordinaria en dominar la situación, no obstante la sorpresa, intensidad y rapidez del fuego enemigo y los efectos de los proyectiles contrarios, para cuyo calibre y eficacia estaban insuficientemente preparadas las fortificaciones y defensas de la plaza.

Y ante el caserío derruido del Peñón se siente un coraje hondo, viendo a seiscientos metros, apenas separada por una cinta de agua, la playa enemiga, donde insolentemente los rífenos siguen levantando cañoneras y parapetos y abriendo cuevas para convertir en fortaleza inexpugnable lo que pronto habían de pisar nuestros soldados.

* * *

Los acontecimientos se precipitan a fin de agosto; los franceses llevan muy adelantada su ofensiva y van recuperando trae rudos combates en la región de Uazan y nortes de Fez y Tasa algunos de sus antiguos puestos para reconstituir la línea en abril.

Por nuestra parte, desde el mes de junio se tenían requisados los barcos de la Trasmediterránea que habían de trasportar a las tropas a Alhucemas; dispuestos los barcos hospitales para la evacuación de heridos.

Y a primeros de septiembre todo está listo, a falta de la orden de embarque.

Y llegamos al momento solemne y decisivo: ¿Cuál era el ánimo de España frente a esta aventura?... Primo de Rivera echaba sobre sí una responsabilidad inmensa. Podía decirse que jugaba una carta decisiva... íbamos a Alhucemas por fin. Los franceses podían sentirse satisfechos de nuestra colaboración...

HACIA ALHUCEMAS.
— CUATRO DÍAS A BORDO.
— EL SALTO DE LACOLUMNA SARO

El día 5 de septiembre es el fijado para el embarque de las columnas que han de tomar parte en esta gran operación.

Antes de embarcar se reparte a las columnas, impresa, la siguiente alocución del general Primo de Rivera:

"La rebeldía tenaz y creciente de Abd-el-Krim y sus secuaces contra el Majzén de Marruecos y sus naciones protectoras ha determinado a los Gobiernos de Francia y España, después de agotar todos los recursos para atraerle a una sumisión digna y beneficiosa, a realizar unas operaciones de castigo que abatan su soberbia y quebranten su poder.

"Todo se ha previsto, estudiado y resuelto en forma que el Ejército y Marina, dentro de las penalidades inherentes a toda campaña, tengan atendidas sus necesidades.

"Tenéis confianza en vosotros mismos y hacéis bien, que valéis más que todo lo que se os pueda poner enfrente. Yo la tengo en vosotros y creo que la tenéis en mí, que no en balde llevo un año a vuestro frente y os he dirigido en empresas más difíciles que la de ahora, en que os condujeron y mandaron brava y expertamente los mismos generales, jefes, oficiales y clases que hoy están a vuestro frente.

"Los bravos y aventureros legionarios, que han visto en la bandera española la tradición gloriosa y el emblema de la civilización en esta empresa; los indígenas expertos y valerosos, que conocen la justicia de nuestro proceder y la formalidad de nuestros tratos y los bienes que representamos para su país, y los soldados peninsulares, descendientes legítimos de los heroicos del Gran Capitán, forman la falange que España lleva a bordo de sus navíos, con la que va a reverdecer las glorias de sus antepasados, no por mero afán de guerrear, sino porque su propia conservación la obliga a desembarazarse de quien lleva su audacia a amenazarla en el propio territorio nacional.

"La empresa no es fácil ni se puede realizar sin riesgos, fatigas y privaciones; pero si todos cumplimos nuestro deber el triunfo es seguro, y él nos conducirá al reposo y tranquilidad de la zona y a muchos a sus hogares, con la hermosa recompensa del deber cumplido, que sea éste, que sea otro, siempre es rudo, porque así lo impone la realidad de la vida contra lo que os predican los utopistas que, diciendo buscar la paz universal, no han encontrado hasta ahora otro medio que deshacerse y aniquilarse los unos a los otros en lucha de codicias y ambiciones, como si hubieran retornado al salvajismo.

"Cumplamos, pues, como ciudadanos y soldados españoles dignos del pasado y de nosotros mismos, que debemos y podemos tener orgullo de ser una raza excelsa, un pueblo fuerte y una nación organizada y gobernada."

* * *

El 5 de septiembre es domingo. Hace una mañana espléndida, llena de sol. La bahía de Melilla es un espejo inmenso bajo un cielo de azul purísimo, que manchan a retazos las columnas de humo de los diez y ocho barcos de la escuadra francesa y los once mercantes, repletos de tropa, que van a zarpar antes del mediodía hacia la costa de Alhucemas. Melilla, endomingada, vestida de fiesta, acude al muelle, a este muelle que vio llegar tantos barcos con tropas en momentos de apuro y del que hoy salen para realizar una empresa extraordinaria, de la que a esta hora España entera está pendiente.

La ciudad ve partir los barcos y abren al aire los pañuelos sus alas blancas como palomas, diciendo adiós a los que van a la lucha. "¡Suerte!", gritan los amigos a los que se van. La suerte en la guerra es la vida. En las vísperas de los combates se les llama suerte por no llamarla de otra manera más trágica...

Domingo azul, pleno de sol, bajo el cual once mil hombres del territorio de Melilla y ocho mil del de Ceuta caminan hacia el territorio donde anidó la rebeldía para asestarle un golpe audaz y buscar lo que tantos años estamos esperando, lo que tanto tiempo ansia nuestra España, que vio agostarse años y años, baldíamente en muchos casos, la flor de su juventud.

Salen los barcos del muelle de Melilla en correcta formación. Primeramente, en cabeza de ella, el acorazado francés *París,* donde va el general Sanjurjo con el almirante de la escuadra francesa, que escolta y protege a los barcos que lleva la columna. Con el barco almirante van los cruceros *Strasburg* y *Metz.* Luego va, formada en dos hileras, la flotilla mercante. A continuación el *Alhambra,* que lleva la harca de Várela y dos compañías de zapadores con material de fortificación; el *Aragón,* con un tabor de regulares de Melilla y la mejala que manda el teniente coronel Abriat; el *A. Lázaro,* con dos banderas de la Legión, al mando del teniente coronel Balines, jefe de la Legión de Melilla; el *Navarra,* con un batallón del regimiento de Melilla; el *Roméu,* con dos baterías del Parque Móvil, ambulancia de montaña y servicios de Intendencia; el *Isla de Menorca,* con dos tabores de regulares de Melilla; el *Jorge Juan,* con un batallón del regimiento de África; el *Florinda,* con dos baterías, una compañía de Zapadores, Parque Móvil, Intendencia y servicio de aguada ; el *Sagunto,* con el hospital de campaña, una ambulancia de montaña, sección de higiene, depósito de Intendencia y camillas; el *España 5,* con el batallón de Infantería de Marina y montoneros, y el barco hospital *Villarreal.* A derecha e izquierda de estas dos líneas de vapores, dos *destróyers* franceses, y cerrando marcha, detrás de dos barcazas K, blindadas, dos cañoneros franceses. En uno de los *destróyers* se sitúan el general Fernández Pérez, que manda la columna, y que más tarde pasa al *Roniéu,* y el coronel Goded, jefe de la vanguardia, que tiene su puesto marcado en *A. Lázaro.*

Antes de partir, ya el general Sanjurjo, comandante general de Melilla, desde el aire y a bordo de un hidro, había dirigido un saludo a la columna, que le vitoreó entusiasmada.

Sanjurjo es uno de los generales más populares de nuestro Ejército. Compartió en la campaña con las vanguardias los momentos más duros. A Melilla llegó en los días más decisivos del desastre. Detrás de Sanjurjo iba el éxito siempre. Pué el salvador de Melilla. Era el hombre de la buena suerte. Y lo sigue siendo. En Melilla últimamente Abd-el-Krim quiso romper varias veces la línea por distintos puntos. Sanjurjo, con sus tropas, ha hecho fracasar el intento. Ahora, al fin, se va contra el que tanto mal trajo a España, contra el cabecilla que llenó de luto tanto hogar español. Es Sanjurjo quien dirige la columna que ha de acometerle de frente, cara a cara, y todos ponen una gran fe en la buena suerte de Sanjurjo, en sus extraordinarias cualidades de hombre de guerra. Además, la vanguardia va mandada por Goded y lleva en ella hombres como Várela. Abriat, García Escámez...

Voy a bordo del *Lázaro*. En el mismo orden de marcha van los barcos remontando la costa: Yazanen, Afrau, y seguimos hacia Sidi Dris, donde la columna empezará a maniobrar. Dicen que en alta mar se abrirá un sobre cerrado con las órdenes precisas, precauciones que el Mando ha creído necesarias para no divulgar los objetivos.

Bromean los legionarios a bordo, poniendo una nota de buen humor, siendo interrumpidos de vez en vez por toques de corneta para algún acto de servicio. El barco es un cuartel flotante. Los oficiales en el departamento de primera hacen cálculos y cabalas sobre el desarrollo de la operación. Voy con las banderas de la Legión. Su jefe, el teniente coronel Balmes, ha extendido sobre un canapé de cubierta las panorámicas de aviación y ha ido mostrando a sus oficiales la situación del enemigo y de sus fortificaciones y baterías y los puntos que deberán atacar cuando salten a tierra, donde serán transportados en las barcazas K blindadas. Los capitanes, a su vez, dan instrucciones complementarias a sus oficiales, estos muchachos entusiastas, imberbes muchos, que mandarán las secciones de choque, y que han de luchar seguramente a cuchillo con los rifenos... En el puente del capitán del Lázaro el comandante de Marina del Estado Mayor de la columna y éste examinan las cartas hidrográficas de la costa. Yo entablo conversación un rato con un conocido y brillante oficial de las mejalas, que ha renunciado a un soberbio destino por venir a estas operaciones: es el teniente Civantos, que desde el Barranco del Lobo no ha abandonado el territorio y que, distinguidísimo en las operaciones de Annual, cayó prisionero. Civantos sufrió los dolores del cautiverio, y aun late en su pecho todo el coraje de aquellos días amargos...

Mientras los barcos siguen su andar suave hacia Sidi-Dris, Civantos siente el placer morboso de refrescar la triste odisea de Axdir, la casa de los prisioneros, el Monte de las Palomas, la playa de Suani..., esos nombres que le han retenido aquí, renunciando a un descansado destino en la Península, como si saborease el placer de una próxima venganza de aquellos largos sufrimientos... Annual, Axdir, el bombardeo del Peñón... Trozos de la historia del Rif, que han movido al fin a España a atacar de frente a sus causantes, cuando toda esperanza de paz se ha desvanecido... Trozos de historia del Rif que tuvieron su prolongación en el Uarga, donde este enemigo atacó también a Francia, la que, finalmente unida a España, le ataca con nosotros, tendidos los brazos que han de estrechar el dogal abierto...

Tras las cabalas y cálculos de estos días, sabemos ya al fin a qué atenernos. Los movimientos de las tropas de Ceuta y Melilla van combinadamente a la dominación de la bahía de Alhucemas. El mando de la operación le llevará el general Sanjurjo, y la dirección de ella, en conjunto, la lleva el general en jefe a bordo del *Alfonso XIII*.

La escuadra española la manda el almirante Yolif, y va con la columna Saro. La escuadra francesa la manda el almirante Hallier, y va con la columna Fernández Pérez.

La columna Saro ha embarcado en Ceuta en quince barcos mercantes, y la forman las siguientes unidades: harcas de Zabalza, Rodríguez Bescousa y Pajarero, a las órdenes del comandante Muñoz Grande. Regulares de Tetuán, al mando del teniente coronel Fiscer. Dos banderas de la Legión, al mando del teniente coronel Liniers, y los batallones de Tarifa, Ara-piles y Segorbe. Artillería, Ingenieros, Intendencia, Sanidad, Parque Móvil, hospital de campaña y otros servicios auxiliares.

Los barcos de Ceuta van escoltados por la escuadra española, compuesta por los acorazados *Alfonso XIII* y *Jaime I*; cruceros *Reina Victoria*, *Blas de Lezo*, *Extremadura*, y *Méndez Núñez*; cañoneros *Cánovas*, *Dato*, *Canalejas*, *Lauria*, *Laya*, *Recalde* y *Bonifaz*; cazatorpederos *Alsedo*, *Velasco* y *Bustamante*; seis torpederos y once guardacostas. Además, la columna Saro lleva veintiséis barcazas *K* blindadas, dos barcos aljibes, seis remolcadores y numerosos faluchos canoas para la evacuación de heridos, etcétera. En total, forman la expedición treinta y dos barcos de guerra, diez y ocho franceses, veinticinco mercantes y veintiocho barcazas blindadas. Más de cien unidades.

* * *

Ansiábamos el momento de encontrarnos en alta mar para conocer las instrucciones reservadas del Alto Mando sobre los verdaderos objetivos de la operación y forma en que se había de hacer el desembarco.

Al fin llega la hora, y a nosotros también se nos entrega un pliego cerrado, impreso, donde el general en jefe da las instrucciones. Helas aquí:

"Todo cuanto se ha propalado por la Prensa o de viva voz respecto de operaciones de desembarco en la bahía del Lau y Sidi-Dris, incluso en la misma playa de Suani (entre la desembocadura del Guis y del Nekor) es inexacto y con tendencia a desorientar al enemigo.

"El proyecto real consiste en un desembarco por sorpresa en la playa de la Cebadilla para apoderarse del Morro y constituir una base de operaciones que domine la bahía de Alhucemas. La columna procedente de Melilla intentará el desembarco por Cala Quemado y Bonita, para cerrar esta base. Si la sorpresa fracasa no hay que desalentarse, que tenemos medios de realizar el desembarco a viva fuerza.

"Así, pues, las primeras demostraciones frente al Lau y Sidi-Dris y Quilates son meramente fintas o amagos.

"Posteriormente, y apoyados en esta base, el objetivo es Axdir. Por el momento no alcanza más el radio de operaciones.

"Lo esencial es constituir un frente unido, enlazado y sin posible envolvimiento. Es decir, retaguardia y flancos bien apoyados.

"La primera fuerza que salte ha de ser de granaderos y dirigirse audazmente al puesto de guardia y a la artillería, si la hay, aniquilándolas. Al mismo tiempo otra fuerza debe cerrar el frente para poder hacer prisioneros.

"Trazado el frente con acierto militar, debe fortificarse y alambrarse para resistir la primera reacción ofensiva. La artillería de los barcos y la aviación protegerán esta operación. Antes de llegar la noche debe estar cerrado el frente por un perfil de tierra cubierto de alambradas.

"Hay que evitar la densidad, que hace vulnerable, y la dispersión, que debilita. Téngase en cuenta que el espacio disponible de la base ha de ser unos diez millones de metros cuadrados (un trapecio de 6 por 5 kilómetros de base y 2 de altura), y como doce mil hombres en ella representan una superficie vulnerable de seis mil metros cuadrados, la proporción probable es de un impacto por cada tres mil proyectiles. Una vez preparado el terreno con trincheras, abrigos y caminos cubiertos, esta proporción pasa a ser un impacto por cada quince o veinte mil proyectiles; es decir, que para herir cien hombres el enemigo tiene que disparar dos millones de cartuchos.

"Los jefes de servicios de retaguardia se ocuparán del desembarco del material, municiones, agua y víveres y de evacuar bajas. Los de las fracciones combatientes atenderán sólo al combate.

"Mucha vigilancia y disciplina en los fuegos siempre; pero especialmente de noche.

"El orden, rapidez en el desembarco y el encaje adecuado en la línea general son de la mayor importancia, pues hay que adelantarse a la concentración del enemigo y apoyar pronto los flancos en el terreno para evitar todo envolvimiento.

"Las operaciones posteriores de avance serán objeto de prevenciones especiales.

"Los franceses tienen más difícil misión, y un frente más extenso y de mal terreno. Están situando grandes núcleos de fuerza a lo largo de él, acumulando material y afianzando su retaguardia. Sólo nuestra operación, actuando a modo de ventosa que atraiga al enemigo, puede permitirles marchar hacia el Norte y buscar el enlace con nosotros. En determinado momento este avance francés requerirá apoyo de su extrema derecha, que se le podrá prestar desde las avanzadas de nuestro frente de Melilla.

"El interés nacional y de la civilización aconsejan resolver este problema definitivamente."

* * *

Con arreglo al plan, los días 5 y 6 se hacen amagos de desembarco en Sidi-Dris y Uad Lau para despistar al enemigo.

Yo, que voy con la columna de Melilla, presencio el simulacro frente a Sidi-Dris, donde nos encontramos a las cinco de la tarde.

Los barcos de la escuadra francesa que van de vanguardia se aproximan más a la costa, y a unas cuatro o cinco millas de tierra rompen el fuego sobre distintos puntos de aquélla.

El *Strasburg* hace certeros disparos—a veces dispara simultáneamente cuatro piezas de una banda—sobre las alturas de Sidi-Dris. El espectáculo es precioso. El crucero, envuelto en el humo amarillento de los disparos, deja ver con intermitencias, entre la humareda, el rojo vivo de las explosiones que ponen en el espacio un eco enérgico y sonoro. Atardece y sigue el cañoneo. Y se reduce a esto la labor del día. Los barcos quedan durante la noche frente a la costa. El propósito es llamar la atención del enemigo por aquí, como lo hace por Uad Lau la columna del general Saro.

Es media noche. Acodado en la borda del Lázaro admiro el soberbio espectáculo de la veintena de barcos frente a Sidi-Dris, con sus luces blancas, azules y rojas, que al reflejarse en el mar lo iluminan maravillosamente. En los montes de Sidi-Dris van apareciendo hogueras.

Los moros, que deben de estar inquietos por la presencia de tan numerosa t cuadra, llaman a las cabilas del interior y avisan el peligro... Algunos legionarios, tumbados en el barco de cara al cielo, cantan indolentemente. Los banderines que esa gente brava ha amarrado en la borda —como si fuese el barco de la Legión—ondean acariciados por la fresca brisa, luciendo sus emblemas: una mano con un puñal ensangrentado y una calavera con dos tibias. Y las luces, azules y rojas, de esta verbena acuática de los barcos tiemblan en el agua esta víspera de la guerra...

* * *

La noche del domingo transcurre sin novedad.

En la playa y alturas de Sidi-Dris se siguieron viendo desde nuestros barcos las hogueras encendidas por los rífenos para llamar a los del interior anunciándoles la necesidad de reunirse para el combate. La flotilla que se les ha situado frente a la costa debe de haberles causado una impresión enorme, pues sin duda tenían otras noticias respecto a los planes que teníamos de operar sobre la zona de Alhucemas. Como tantas veces han sabido que íbamos a venir, y tantas otras vieron incumplidos los vaticinios, les debe de haber impresionado la presencia de los numerosísimos barcos que se han estacionado aquí, repletos de tropa, y el cañoneo previo iniciado por la escuadra francesa.

En la mañana del lunes se levanta un poco de aire desagradable. Para evitar molestias a los soldados, los barcos se ponen en marcha, y sin alejarse de Sidi-Dris inician varios movimientos hasta que el viento cesa y vuelve a quedar el día francamente abierto. Esto permite a nuestros barcos continuar el simulacro que tienen confiado. A las tres y media de la tarde empieza éste. Con las barcazas blindadas de desembarco que llevamos y los barcos de guerra franceses se lleva a cabo. Al efecto se destacaron las barcazas, y a distancia y a sus costados colocáronse los barcos de guerra, que abrieron fuego persistente sobre todas las alturas y playa de Sidi-Dris. Para que el tiro de sus grandes cañones de 30 tuviera eficacia, el hermoso acorazado París se aleja de la costa y a poco rompe el fuego.

Mientras dura el cañoneo, que es hasta el obscurecer, apenas si el enemigo dispara sobre nuestros barcos. Sólo de vez en cuando se ve caer, muy corto, algún disparo en el mar, que abre un abanico de agua.

La parte más bonita del simulacro es el establecimiento de una cortina de humo desde Afrau a Quilates. Esta preciosa maniobra la realizan los torpederos franceses en poquísimos minutos, quedando toda la flota oculta a la playa por medio de la blanca nube de humo. Hasta cerca de anochecido duraron los efectos de ésta, que tampoco nos permite a nosotros ver la costa. El empleo, pues, de estos gases se reduce al simulacro para desorientar más al enemigo. En el desembarco efectivo no podrán utilizarse, porque los mismos efectos que tiene para el contrario los tiene para nosotros. En realidad, esta clase de gases tienen su empleo más eficaz en la guerra marítima. Al menos en la guerra europea se emplearon con gran fortuna en distintos combates navales.

Desde el *A. Lázaro*, donde pasamos también el lunes todo el día, se ve la línea antigua de posiciones: Sidi-Dris-Talilit-Buymeyan-Annual y Abarran, todo el teatro del desastre, cuyos nombres son como páginas donde España escribió con sangre un pedazo de su historia africana...

Durante el bombardeo de la escuadra se mantiene en vuelo de observación el globo del acorazado *París* y vuelan también varios aparatos nuestros sobre la costa. Nuestros veinte y pico de barcos, diseminados frente a la costa; las barcazas blindadas maniobrando; en vuelo el globo y los hidros, y disparando la escuadra francesa... Todo este hermoso espectáculo de guerra debe de ser bastante para que esta gente enemiga, que tiene noticias de nuestros propósitos, se sienta inquieta en demasía.

En efecto: esta intranquilidad se manifiesta por la noche. Si la noche anterior era grande el número de hogueras que habían encendido en la costa, esta noche es mucho mayor, y se extienden más a la izquierda y derecha de Sidi-Dris; esto es, más hacia Afrau y Cabo Quilates. Abd-el-Krim tiene teléfonos con sus puestos de mando, pero no pueden prescindir sus gentes de este viejo medio de llamar al país para una concentración rápida. Ahí están, frente a nosotros, elevando al cielo sus lenguas de fuego, estas hogueras, que patentizan cuál es en estos momentos el ánimo del enemigo.

El mar tranquilo, como si el tiempo quisiera ayudarnos también al éxito, presenta frente a Sidi-Dris el mismo animado aspecto que la noche anterior. Todas las unidades tienen sus luces encendidas, pues conviene que el enemigo vea que continuamos aquí. Además, las bandas de las dos banderas de la Legión, que van en nuestro barco, tocan retreta, y el ruido alegre de sus cornetas y tambores atruena el espacio.

De pronto llega una contraorden. ¿Qué sucede?...

El plan primitivo era: "Que Saro, tan pronto saltase a tierra su vanguardia, enviase a la columna de Melilla 12 *Kaes* blindadas para embarcar rápidamente en ellas cuatro mil hombres—la harca de Várela, mehala y Regulares—, que esperarían la orden del general en jefe para lanzarse a la playa del Empalmadero o Sfiha, y si el enemigo no pone resistencia irán rectamente a abordar sus objetivos: Yebel Seddun y la Rocosa."

Estos eran los objetivos que deberían quedar cubiertos entre los días 7 y 8. Pero, como digo, llega una contraorden en la noche del lunes a la columna de Melilla. Hay retraso, y la operación sufre una ligera variación. El general en jefe da nuevas instrucciones al general Fernández Pérez, según las cuales, "ya no saltan primero la columna Saxo por Morro Viejo y al día siguiente la de Fernández Pérez por la playa de Sfiha, a la derecha de los Cafetines en la bahía de Alhucemas. Sino "que ambas columnas desembarcarán el mismo día, mañana martes, si bien por el mismo sitio y manteniendo iguales objetivos". Así lo ha ordenado el general en jefe en orden escrita que envía al general Fernández Pérez, y en la que dice que ha suspendido por un día la operación que iba a acometer la columna de Saro para evitar las bajas que hubieran tenido las tropas de las barcazas *K* al ir con ellas a plena luz en busca del ataque de tierra. Y en su consecuencia, dispone que, manteniéndose el mismo plan y lugar, todo el convoy y barcos se situarán al frente de la bahía de Alhucemas con tendencia al oriente de ella, donde la escuadra española iniciaría durante la tarde un fuego lento, como de preparación de desembarco por la playa de Suani".

En virtud de tales órdenes, a las once de la noche se ponen en movimiento nuestros barcos, dirigiéndose, a poco andar, hacia la bahía de Alhucemas, donde a la madrugada habíamos de confrontar con la escuadra española y barcos de la columna de Ceuta.

El tiempo continúa magnífico. En el salón de recreo los numerosos oficiales de la Legión cantan el himno de "los novios de la muerte", acompañados al piano por un capitán de Ingenieros. Reina el buen humor y el optimismo. Al fin, mañana, después de dos días embarcados, se va a saltar a tierra.

Lo prefieren estos hombres valientes a esta reclusión en el mar sin hacer nada, viendo cómo se hace un simulacro de guerra....

* * *

En la madrugada del martes los barcos siguen con la columna de Melilla desde Sidi-Dris hacia la bahía de Alhucemas, a poca marcha. Cuando clarea apenas nos despierta en el *A. Lázaro* la banda de cornetas de la Legión, tocando diana. "¡Arriba todo el mundo! ¡Hoy es el día del desembarco!"

Ya era hora. La tropa, después de tres días a bordo, está fastidiada. Se descansa mal, pues van mil quinientos hombres a bordo. En los demás barcos sucede lo mismo. Falta sitio.

Salgo a cubierta y veo más a nuestra derecha los barcos de la columna de Ceuta, que ha de saltar a tierra. En efecto, ya han empezado a cargar las barcazas blindadas, donde entran las primeras fuerzas indígenas y banderas del Tercio, que van a las ordenes de Franco, jefe de la vanguardia de Saro. Las barcazas – con estas fuerzas, que han de ser la primera ola humana que salte a tierra en la playa de la Cebadilla - empiezan a desfilar hacia la costa. Los barcos han hecho alto a unas ocho millas de tierra.

Apenas amanece casi toda la escuadra se sitúa frente a la bahía de Alhucemas, y dentro de ella las unidades pequeñas. Empieza seguidamente el cañoneo, que secunda la isla sus treinta y dos piezas, ocho de ellas de quince y medio. El apoyo artillero del Peñón es eficacísimo, pues durante los dos días que estuve en él pude comprobar que las ocho baterías tenían perfectamente tomadas las referencias de tiro sobre los emplazamientos enemigos.

En nuestro barco empieza la actividad. En los legionarios se ve

La nerviosidad por saltar pronto a tierra. Unos engrasan los cierres de los fósiles, hay a comprobando por última vez que están dispuestos para su uso. En una muela que hay a la puerta del rancho de la marinería se dedican a afilar los cuchillos de monte reglamentarios en la Legión...

A cada momento aumenta el cañoneo de la Marina de guerra. Los cañones de treinta y medio de los acorazados, con su ronco estampido, atruenan el espacio. El *Dédalo* se acerca a la costa, y pronto se ponen en vuelo los hidros. También aparecen varios hidros de la base de Mar Chica, que vienen a tomar parte de la operación. Los pilotos de Mar Chica tienen una gran práctica del territorio de Alhucemas. Son los que han hecho la mayoría de las panorámicas que, en unión de las hechas por los aparatos de tierra, sirvieron al Alto Mando para estudiar y planear por última vez esta esperada operación sobre Alhucemas, que parecía imposible se realizase, y que, sin embargo, es ya otra realidad.

La columna de Melilla espera impaciente la orden de embarcar en las barcazas blindadas para saltar a tierra. Esta orden sólo la puede dar el general en jefe. Pero el tiempo trascurre y la columna de Melilla sigue embarcada. ¿Qué ocurre?...

ABD-EL-KRIM QUIERE CUMPLIR SU AMENAZA.
— EL ATAQUE A TETUÁN.
— A TIERRA

Abd-el-Krim había hecho llegar a Tetuán sus propósitos frente a los planes de ataque de que tenía noticia. Bien montado su servicio de espionaje, hubo de saber a tiempo los preparativos que se hacían para realizar la operación sobre Alhucemas, los simulacros de desembarco que venían haciendo en Río Martín y Rincón del Medik las tropas españolas....Y dijo: "Si entráis en Alhucemas, yo entraré en Tetuán..."

Envanecido por sus éxitos, el cabecilla nos desafiaba... Y en efecto: el mismo día en que las columnas de Melilla y Ceuta van a saltar a tierra en Alhucemas, los puestos avanzados del sector de Ben Karrich (Tetuán) son objeto de violento ataque.

Sobre Kudia Tahar, guarnecido por un puñado de valientes del Infante, que supieron poner tan alto el valor de nuestros soldados, abrieron fuerte cañoneo, dispuestos a romper a línea y dar un golpe de efecto sobre Tetuán...Abd-el-Krim cumplís su amenaza; pero se encontró con el pecho guerrero de los defensores de Kudia Tahar, dispuestos al sacrificio antes que rendirse...

Mas este ataque, rudo y vigoroso, tenía lugar en los precisos momentos en que, embarcadas las tropas disponibles para la operación, no había columnas de refuerzo en Tetuán para hacer frente a la situación allí creada por la harca que, mandada por El Jeriro, había enviado Abd-el-Krim...

Al general en jefe se le presentaba un dilema. ¿Suspendía el desembarco?...Esto sería el éxito de Abd-el-Krim. ¿Lanzaba a tierra todas las fuerzas, las columnas de Melilla y Ceuta, y dejaba de acudir a la defensa de Tetuán?...

El general Primo de Rivera se decide por variar entonces el desarrollo de la operación. Ordena que salte a tierra en Cebadilla la columna Saro, y que después lo haga en el mismo punto la columna de Fernández Pérez, menos las dos banderas de Balmes y el Tabor de Romagosa, con cuyas fuerzas se acude a socorrer a los bravos defensores de Kudia Tahar, para resolver la crítica situación creada en la capital del Protectorado...

Y las vanguardias de Saro se disponen a dar el salto a tierra...

* * *

Pero sigamos las incidencias de esta memorable operación. La escuadra toda está alineada frente al Morro, pico de la cordillera que sigue a Bocoya. El golpe de vista es fantástico. De un lado, la escuadra de Ceuta. De otro, la de Melilla. Cincuenta barcos de guerra en primera línea. Detrás, de a cuatro, otros tantos mercantes, repletos de tropas y embarcando en las *K* unidades y elementos que lanzar a tierra.

Muy de mañana el bombardeo de la escuadra sobre la costa es atronador. Estallan las granadas en toda la crestería del Morro Nuevo y en la cadena montañosa de Bocoia. La aviación lanza también sobre tierra abundante metralla, procurando enfilar los emplazamientos de las baterías enemigas. Jamás se ha visto en África una operación de esta envergadura, con tantos elementos y tan intensísima preparación artillera.

Cuando las once primeras barcazas *K* están cargadas de tropa avanzan hacia la playa. Van en ellas las banderas de Franco, que ha saltado con sus legionarios en una de las barcazas; el grupo de harcas de Tetuán y Larache, al mando de los comandantes Muñoz Grande y Villalba. Llevan además material de fortificación y elementos de ingenieros.

El bombardeo se intensifica por momentos. Poco después de las once la fila de barcazas blindadas, con la Legión y las harcas y mehala, se halla situada delante de los barcos de guerra. Se da la orden de que avancen las *K*, que llevan los carros ligeros de asalto. Pero los puentes de las barcazas no enfrontan bien en tierra. Queda un claro que no pueden saltar los carros. Y entonces Franco, este admirable jefe de los grandes aciertos, con la clarísima visión que tiene en el campo, ve que los momentos que se van a desperdiciar son preciosos. Y no titubea en mandar al cornetín de órdenes que toque paso de ataque.

En la orilla enemiga el toque agudo del clarín es un reto. Los harqueños de Muñoz Grande y los legionarios, al frente de sus jefes, Franco y Liniers, saltan como una ola sobre tierra. Rodríguez Bescansa, el bravo capitán de la harca de Tetuán, es el primero en poner pie en tierra a los gritos de ¡Viva España! Las banderas que mandan los bravos comandantes Rad y Verdú saltan a tierra en oleadas.

La ola humana se extiende por la colina derecha e izquierda, y se dirige a ganar la cumbre del istmo de tierra que une al Morro con el resto de la cordillera.

Los barcos de guerra redoblan el fuego, y los aviones no cesan de arrojar metralla.

Pero el enemigo no hace mucho fuego. Confiaba, de un lado, en que la columna desembarcara por Suani. De otro, esperaba que la línea de minas que tenia situada en esta parte de la playa surtiese sus efectos. Pero son descubiertas a tiempo y se hacen volar sin que causen daño.

El avance de los nuestros es rápido para ganar pronto el Morro. Y se les ve subir, extendiéndose hacia el pico más alto para apoderarse de los cañones que allí tienen emplazados el enemigo, lo que logran, haciendo varios prisioneros. Los cañones los tenían detrás de cañoneras perfectamente construidas.

Caen heridos en el avance dos bravos oficiales. Uno, que fallece a poco, es Hernández Menor, de la harca, cuyo entusiasmo y valor demostró en mil ocasiones, teniendo pendientes varias propuestas de ascenso y la laureada. El otro es el hasta hace poco oficial de complemento, Sevilla, que en los combates de Uad Lau se portó como un bravo, resultando herido al cruzar el río con la Legión, y que hoy, agregado a la harca de Tetuán voluntariamente- pues acaba de ingresar en la Academia de Infantería y pidió a Primo de Rivera un puesto de vanguardia para esta operación- recibe al frente de los primeros harqueños que saltaron a tierra varios balazos en las piernas, mano y vientre. ¡Sevilla tiene madera de héroe!

El avance, a mediodía, sigue. Franco, al frente de sus legionarios (las dos banderas que manda Liniers), lleva un guión blanco, en el que se lee un nombre inolvidable: "Valenzuela"....

El general en jefe, a bordo del *Alfonso XIII,* donde presencia la operación, envía al Rey un despacho dándole cuenta de que con poca resistencia acaban los nuestros de poner pie en tierras de Alhucemas.

La noticia, que se recoge en el *A. Lázaro* —donde la columna de Melilla sigue aguardando impaciente la hora de desembarcar—, es acogida a los gritos de "¡viva España, el Rey y el Ejército!". Y las bandas de las dos banderas de la Legión tocan la Marcha Real, que es escuchada por todos con religiosidad, mientras sigue el ruido atronador del cañoneo de la escuadra, y en lo alto de Morro Nuevo ondea nuestra bandera...

LA VIDA EN CEBADILLA.
— LA LUCHA EN LAS SOMBRAS.
— SIN AGUA.
— EL CAÑONEO ENEMIGO

Ocupado el pico de Morro Nuevo por la columna Saro y situadas las fuerzas en las alturas inmediatas a la playa de la Cebadilla, aun tarda el enemigo en reaccionar, confirmándose que no era por aquí por donde nos esperaban.

Las fuerzas de Ingenieros, que al mando del teniente coronel García de la Herrán desembarcaron con las fuerzas de choque, apréstanse a hacer fortificaciones provisionales en el terreno ganado en el primer salto, dominado por cierto por las alturas de Busicut y por el alto Malmusi o Cuernos de Xauen.

La reacción enemiga empieza a señalarse al tercer día del desembarco. Contingentes que habían acudido a Sidi Dris fueron llegando llamados por Abd-el-Krim para atacarnos, haciéndolo durante la noche en par ticular. Aproximándose a los parapetos y vivaques, el enemigo empezó a utilizar granadas de mano, alternándolas con el fuego de ametralladora y fusil.

Por nuestra parte, empezamos a acumular en la Cebadilla elementos de guerra y boca a desembarcar la columna del general Fernández Pérez, que aun estuvo a bordo varios días por falta de sitio material donde colocarla.

En estos servicios destaca con relieve extraordinario el trabajo rudo y penoso de las dotaciones de las barcazas blindadas, mandadas por oficiales de la Armada, que durante día y noche no descansan.

A todo esto, el enemigo ha empezado a hostilizar la Cebadilla con fuego de cañón, y se hacen más difíciles y expuestos los trabajos en la playa, enfilada como quedaba por los fuegos enemigos.

Dificultaba estas operaciones marítimas—el mar era la única base que podía utilizarse para la campaña en Alhucemas—, no solamente la escasez de elementos rápidos de desembarco, sino lo reducido de la playa donde había que efectuarlo.

Luchando con muchas dificultades, desembarca al fin la columna de Melilla; y las tropas de choque de esta columna y las de Ceuta establecen lo que pudiéramos llair cinturón de seguridad del campamento.

La columna de Melilla ocupa desde la Punta del Fraile hasta enfrontarse con la columna Saro, que guarda la línea desde la playa de Cebadilla, y la duna de la derecha.

La columna de Melilla destaca en el parapeto la mehala de Abriat, harca de Várela, tabor de Regulares de Melilla y Tercio. La columna de Ceuta, las harcas de Muñoz Grande, Regulares de Tetuán y las banderas de Rada y Verdú.

Los batallones de Marina y línea son escuadrados y comparten igualmente los servicios difíciles con las tropas de choque.

Los ingenieros no se dan punto de reposo, mandados por García de la Herrán, que dirige los trabajos, siendo hostilizados por el enemigo, que ocupa las estribaciones del Yebel Malmusi, donde es batido por la escuadra y les aviones. Muchas de las fortificaciones que el enemigo tiene hechas se refuerzan ligeramente y nos sirven a nosotros.

Uno de los primeros problemas que se ha presentado en la nueva base de operaciones ha sido el del agua. En la punta de la bahía ocupada no hay agua. El Rif es el territorio más ingrato. El corazón de esta tierra, duro y rocoso, no da agua. Una tierra sin agua es una tierra de maldición. ¡Las entrañas del Rif están malditas!

Ha sido preciso traer a las tropas, en los barcos-tanques, abundante provisión de agua de Málaga y Ceuta. Y mientras se hacen sondeos para encontrarla, se instalan en la playa numerosos depósitos, que se llenan por medio de mangueras.

Por la falta de agua no se puede desembarcar el ganado, y son nuestros soldados los que tienen que hacer todo el transporte desde la playa a los depósitos y a las guerrillas. Los soldados de Intendencia y las compañías que se dedican a la descarga en la playa, metidos en agua hasta la cintura, trabajan extraordinariamente.

Y así, viviendo estrechamente, trabajando sin descanso para organizar la base de operaciones y preparar nuevos avances, transcurren los primeros días en la Cebadilla, bajo la fuerte y tenaz hostilidad del enemigo, que, habiendo emplazado sus cañones en puntos dominantes, empezó a causar a las columnas sensibles dañas.

* * *

Es noche cerrada. Morro Nuevo se alza altivo, como un monstruo de piedra metido en el mar. Está unido a la cadena montañosa de Bocoia y al resto de la bahía de Alhucemas por un istmo de tierra, en cuya duna arenosa está acampada la numerosa columna de operaciones. En las primeras estribaciones de la cadena montañosa, acecha el enemigo. El primer monte rocoso y dominante es el Yebel Malmusi. En los repliegues tiene guardados sus cañones. Con ellos quiere aun reaccionar. Aprovecha la oscuridad de la noche. El día fue largo, y los fuegos de la escuadra, nuestras guerrillas y los puestos enemigos apenas tuvieron cortas intermitencias. Y queriendo aprovechar la noche, los rebeldes emplazan el cañón y tiran sobre la playa y la bahía... Los barcos de guerra lanzan pronto sus potentes reflectores sobre tierra, que se ilumina de una claridad azulosa, y el cañón enemigo calla y desaparece. Vuelve otra vez, a poco, a sonar: cuando el reflector corta su largo haz luminoso. En los barcos de guerra se apuntan las pesadas piezas sobre las crestas del alto monte. Reaparece la luz de los reflectores sobre ellas, y el estampido de la artillería de los barcos atruena la bahía. Calla el cañón rebelde, que logró hacernos algunas bajas... En las aguas tersas de la bahía, los brochazos rojos, verdosos y áureos de las luces de las embarcaciones que hacen la guerra desde el mar tiemblan conmovidos por el estruendo.

En el vivac, las tropas enfilan las ametralladoras sobre los puntos de donde parten los disparos enemigos. Y el duelo de las ametralladoras sigue en la noche. Es la lucha en las sombras, en este pico rocoso de la bahía de Alucemos, que no cesa ya hasta la madrugada.

* * *

El enemigo peor que tuvieron nuestros soldados en el Rif fue el agua. La poca que dan estas tierras rifeñas es salobre en su mayoría.

Hay extensiones enormes donde la tierra es reseca, sin una grieta húmeda, sin un valle tierno y verdoso... Las mayores angustias sufridas en estas tierras por nuestros soldados se debieron a la falta de agua.

En Morro Nuevo no hay agua. Es decir, en todo el pico que hemos ocupado no la hay. Sin embargo, en aduares que se columbran más a la derecha se presumía que debía haberla. En Morro Nuevo hay 15.000 hombres a quienes es preciso proporcionar agua. No les ha faltado, porque la traen los barcos en relativa abundancia; pero es preciso regatearla. Cuando se regatea el agua se tiene más sed. El exceso de trabajo en Cebadilla—que los soldados sobrellevan con su estoicismo y abnegación mil veces probados—aumenta la sed. El problema del agua es horrible.

Y para ayudar a solventarlo, los legionarios han salido también de noche a buscar agua. La empresa es temeraria. Pueden encontrar detrás de cualquier piedra, en cualquier repliegue del terreno, al enemigo, que está al acecho. La muerte les saldrá al paso... Pero ellos, ganosos de ser útiles y de exponer algo, se han ofrecido y van en busca de agua para aliviar la situación. En efecto: han encontrado agua, no mucha, en un pozo que hay junto al poblado rebelde, al que se han acercado audazmente. Como prueba traen las cantimploras llenas, resúmanle el paño de jugo fresco...

Mañana, pasado, cuando se dé el nuevo salto camino de Axdir, la columna ocupará y rebasará el poblado que tiene agua. El pozo ya ha sido descubierto por estos bravos muchachos, que confían temerariamente en el prestigio enorme de su uniforme legionario...

* * *

Los legionarios, detrás de los parapetos, acechan en la noche al enemigo. Gente inquieta, amante a la guerra, olfatean el botín de que participan en las "razzias".
De pronto, el haz de luz del reflector ha descubierto, allá lejos, un rebaño de borregos. ¿Abandonado quizás? ¿Cebo del enemigo para entablar el combate? ¡Qué importa! Para ellos ya lo interesante es apoderarse del ganado. Piden permiso unos cuantos para ir por el rebaño. Se les concede, y salen de los parapetos ocultos también en la noche. Los hemos visto partir, hundirse en las sombras la figura airosa con el típico gorro de dos picos sobre las frentes quemadas de sol. Presto el fusil y en la boca el cuchillo de monte... Se les ha seguido con la vista, primero, un momento, hasta que se perdieron en la oscuridad por los pliegues del terreno; luego, con el alma. Hay una emoción enorme en este breve lapso de tiempo en que unos hombres van a jugarse la vida. Es correr un albur en este juego bárbaro de la guerra. Pasa un cuarto de hora, otro... De pronto, por la parte que se vio el ganado suenan varios "pacos". A poco más, descargas... ¿Qué ha pasado?
Aun transcurren unos minutos de inquietud. Finalmente los legionarios vuelven. Tropezaron con el enemigo y entablaron tiroteo. Pero no vienen de vacío. Traen diez y seis borregos para la columna, delante de ellos. El botín les hace sonreír. Por él han

sentido la muerte silbar una bala. Pero para estos legionarios la guerra necesita de esa emoción....

* * *

Siguen al desembarco en Cebadilla unos días de gran emoción. En las columnas se vive bajo una intensa tensión de nervios. El enemigo aumenta el cañoneo, que es aguantado a pie firme por todos en la estrecha franja de terreno ocupado.

Además, el enemigo prosigue en sus ataques nocturnos. La noche del 11 de septiembre, por el crestón de Morro Nuevo, intenta asaltar la llamada Casa del Cañón, cuya parte guardaban las tropas de vanguardia de la columna Fernández Pérez, mandadas por el coronel Goded.

Los planes enemigos eran arrollar a la harca y dar un golpe sobre la columna. Y aprovechando la oscuridad reinante, los juramentados llegan a la Casa del Cañón, atacándola con bombas de mano. El coronel Goded dirige la defensa y dispone que los morteros hagan fuego con celeridad. La harca Várela maniobra rápidamente con el apoyo de una compañía del regimiento de Melilla. Los harqueños se abren paso entre los atacantes y logran rechazarlos.

El resto del frente de la vanguardia de Goded es atacado igualmente. Pero la mehala de Abriat y la compañía de ametralladoras del 16 de Cazadores hacen ceder terreno al contrario. La lucha fue dura, llegándose al arma blanca. A la noche siguiente se repite el ataque, y la situación llegó a ser crítica, pues no habían sido desembarcados aún los refuerzos de municiones y hubo que desmunicionar a la Infantería de Marina para tener a las harcas dotadas convenientemente.

El cañoneo enemigo sobre Cebadilla sigue aumentando cada día. La gente europea que maneja los cañones enemigos es experta artillera. Al principio del cañoneo, Saro dictó órdenes a seguir por todos para cuando dispararan las piezas enemigas. Un corneta tocaría un punto al disparar, y todos deberíamos echarnos a tierra.

Esto se hizo cuando eran pocos los disparos.

Pero llega a hacerse imposible. Hay día que hacen 400 disparos... ¡Cualquiera se pasaba el día tirándose a tierra!...

Un soldadito que transportaba una cuba de agua desde la playa al campamento, rodó envuelto en la explosión de una granada que le cayó próxima. No le hizo nada. Pero el soldado, con una tranquilidad extraordinaria, se levantó y se puso a beber agua en la cuba, sin moverse...

La barcaza 22, que traía ganado a la playa, es alcanzada por un disparo del cañón enemigo. Mata a algunos mulos y otros se lanzan al agua y ganan la orilla nadando con rapidez, como si huyesen del peligro.

Como tiran con buena fortuna, un capitán de Artillería, que goza de excelente buen humor, dice que todo esto obedece a que "Mahoma está de semana"...

Los barcos de guerra siguen cañoneando las alturas del Malmusi y sus estribaciones, buscando los cañones enemigos, hábilmente ocultos.

Hidros y aviones no cesan de volar también sobre el famoso monte, arrojando trilita y buscando los malditos emplazamientos. Algunos aviones pasan audazmente a escasa altura del monte y sus estribaciones. Calla entonces el cañón, pero suenan fuertes descargas de fusilaría, que hace el enemigo, oculto en cuevas.

El hospital de campaña ha sido trasladado detrás de una altura rocosa, más resguardado de los disparos enemigos, pues algunas granadas caen dentro de él y rematan a varios heridos...

Otro desesperado ataque a la línea. Los rifeños, infiltrándose por las grietas enormes del Morro, atacan por retaguardia algunas unidades. El peligro de esta maniobra es terrible, y es preciso hacer el sacrificio. Los bravos Regulares de Pozas se lanzan a atajarlo, y, dignos de su brillante historial, los Regulares de Melilla se descuelgan por sitios inverosímiles para buscar el choque. Huelín, el inolvidable teniente Huelín, muere al frente de los suyos, en la lucha trágica dentro de los profundos precipicios de Morro Nuevo...

Era imposible continuar más tiempo así. Era preciso un nuevo salto y apoderarse de los cañones enemigos que dominaban nuestro primer campamento en Alhucemas.

En la guerra, la inactividad no es buena cuando el enemigo prosigue en activo. Y aquí había reaccionado después de su fracaso de primera hora. En la política de la guerra, la iniciativa es factor importantísimo para el éxito. Saltamos a tierra el primer día, nos fortificamos lo mejor que se pudo sin carácter permanente. Pero pronto, a nuestra quietud, respondió el enemigo con el ataque. Es su sistema, o su táctica, mejor dicho. Este enemigo, que no resistiría cuatro o cinco días seguidos de avance nuestro, tiene su mejor defensa en iniciar el ataque llevando la iniciativa...

Algunos disparos del cañón caen dentro del vivac de las fuerzas. Una de estas granadas ha caído próxima a una piara de cerdos que guarda un soldado. La granada, al explotar, ha levantado un volcán de tierra y ha hecho rodar al soldado, hiriéndole en un pie. Los cerdos, asustados, han empezado a correr en dirección al campamento. ¿Ha corrido el soldado a que lo auxilien en el puesto de socorro? No. Muy serio, sin conceder importancia a su herida, andando a saltos sobre la pierna ilesa, ha acudido a reorganizar la piara con toda tranquilidad. Y cuando lo ha conseguido, deja que lo lleven al puesto de socorro para curarse.

En uno de los picos de piedra más agudos de Morro Nuevo se puso un centinela. Para ascender hasta el puesto de observación, los soldados utilizan una soga. Esto da idea de la altura de que se trata. Desde una atalaya, el centinela, aunque apenas se puede mover, atisba perfectamente la línea enemiga. De pronto, un cañonazo enemigo da en la misma cresta que ocupa nuestro centinela. Una nube de humo y piedras nos lo oculta. "¡Pobre muchacho!—pensamos un momento—. Ha debido volar." Pero se disipa el humo y reaparece la figura airosa del soldado con su fusil prevenido... Un capitán acude rápido y le pregunta:

—Muchacho, ¿te ha pasado algo?

A lo que el soldado le responde muy sereno:

—No. Pero me pasará.

El duelo de ametralladoras y cañones tiene durante el día una tregua: mientras vuelan los aeroplanos. Entonces enmudecen las piezas enemigas, que ocultan los rebeldes con ramaje en las cuevas que tienen construidas. Es muy difícil destruirlas.

Cuando en cualquiera de los puntos donde tienen las piezas aparece el fogonazo de un disparo, la aviación, los barcos de guerra y la artillería emplazada en Morro Nuevo abren sobre el punto de referencia violento bombardeo. Así se logra desmontar algunos.

Con los legionarios, pasando con ellos todos los peligros, hay en el campamento varias cantineras y enfermeras; estas mujeres "legionarias", que no abandonan nunca a las banderas por peligroso que sea el sitio adonde vayan. Cada mujer de éstas es una historia viviente, emocional e inédita. Quizás os cuenten de su vida una historia de dolores. Pero no suele ser esa "su historia". De ellas sólo sabemos, los que las vemos seguir así a la Legión, que para los legionarios son madres, hermanas, novias, todo en una pieza. Con ellos ríen y lloran, porque con sus risas se divierten y con sus dolores sufren... Retiran heridos y llevan agua a las guerrillas. Lloran cuando muere alguno y cantan coplas con ellos cuando en los ratos de descanso se bromea en los campamentos... "La Baronesa", "La Paraguaya", "La Trini"... Nombres de "legionarias" que ponen en las filas de la Legión una nota pintoresca a ratos; y otros, los más, en los días de combate duro y sangriento, una nota de piedad y amor...

EL SALTO AL YEBEL MALMUSI. — RASGOS DE LA LUCHA

El general Sanjurjo, con los generales Saro y Fernández Pérez, coroneles Franco y Goded y los jefes de los gruesos de cada columna, trazan el segundo salto para ganar el Malmusi sin perder ya más tiempo, pues la moral enemiga va creciendo...
El general Primo de Rivera, que, libertada Kudia Tahar con el esfuerzo grandioso de las dos banderas de Balines y el tabor de Romagosa, vuelve a Alhucemas con las dos banderas, ordena que las harcas hagan una demostración ofensiva para tantear la situación del enemigo.

Y éste dió pronto pruebas de su estado de ánimo y de la preparación que tenía hecha para oponerse al avance.

La demostración la llevan a cabo los harqueños de Muñoz Grande y Várela, que apenas iniciaron el avance tuvieron con el enemigo un choque violento. Las harcas fueron ametralladas por el contrario... Fue una jornada desafortunada. Más de doscientas bajas y cinco bravísimos oficiales muertos o heridos: Zabalza, Bescansa, Yolif, Barroso, Mancebo... Una jornada desafortunada.

Al día siguiente, 23 de septiembre, íbamos a dar el segundo salto. Vamos a avanzar de nuevo. La gente se anima. Se prefiere el avance a aguantar el fuego contrario cuando el terreno no nos ayuda, como en esta ocasión, en que todo el flanco derecho domina el terreno ganado en la Cebadilla y Morro Nuevo. Se prefiere avanzar a estar así, apretados, en constante vigilancia, en este pico de la bahía que es preciso dominar. Además, algo atrae a la gente: Axdir... Este nombre marca en esta campaña un objetivo principalísimo. Porque este nombre es como el símbolo de toda la rebelión, compendio de muchos dolores y muchos sacrificios... Axdir quiere decir Annual, Monte Arruit, Nador, Zeluán, la casa de los prisioneros... Clavar allí la bandera tiene para el ejército de operaciones, si no la clave del problema, la recompensa de todos aquellos sacrificios...

En la noche del 22 al 23 queda todo planeado en Cebadilla. Con arreglo a las órdenes dadas por el general en jefe y general Sanjurjo —que es el que manda la operación—, los generales Saro y Fernández Pérez dan a cada una de sus columnas las instrucciones convenientes.

La columna Saro ha de escalar el Malmusi. Lleva en vanguardia dos banderas de la Legión, las harcas de Muñoz Grande y Villalba y los Regulares de

Tetuán. La del general Fernández Pérez lleva en vanguardia otras dos banderas del Tercio, harca de Várela y mehala de Melilla. La vanguardia de Saro la manda el coronel Franco. La de Fernández Pérez la manda el coronel Goded.

Así están formadas a las siete de la mañana en la Cebadilla y barrancadas de Morro Nuevo las dos columnas. El grueso de cada una lo forman tropas europeas, que se escuadran en el combate.

Y cuando las baterías, la escuadra y la aviación hacen una no muy larga preparación artillera, las vanguardias inician el avance.

Un factor principalísimo han de poner las tropas en esta jornada: Valor sin límites, corazón... El enemigo ocupa posiciones estupendas Posee cañones, ametralladoras, bombas de mano. Luchamos de igual a igual, cara a cara. Los rifeños tienen agentes europeos que disparan sus piezas. Y tienen sobre nosotros la ventaja de conocer y aprovechar, como nadie, las defensas naturales del terreno, que durante meses y meses pudieron llenar de atrincheramientos.

Pues de frente van las guerrillas hacia sus objetivos. Las de la columna que ha de ocupar Morro Viejo se descuelga a la Cala del Quemado. Huye despavorido un núcleo enemigo considerable. Unos presentan aún combate cuerpo a cuerpo. Otros, los más, se refugian en una cueva, donde quedan para siempre, pues los granaderos de la Legión se han encargado de ello... Otros, los más audaces, se lanzan a la mar. Alguno se despeña por las cimas del Morro... Cuatro cañones cogen la columna de Goded, treinta prisioneros, fusiles, municiones...

Mientras, la columna Saro, la de la derecha, prosigue su avance hacia los picos rocosos del Malmusi, denominados "Cuernos de Xauen". Es el objetivo esencial de la operación. Hay que arrancar de las crestas los cañones contrarios... La aviación, combinando sus fuegos con las baterías y los barcos de guerra, no cesa de arrojar metralla sobre los puntos a ocupar.

Hay un momento de confusión. Las primeras guerrillas de harqueños han tropezado con una línea de minas tendida a lo largo. Las explosiones han hecho retroceder a los harqueños... Pero Franco, el admirable jefe de la Legión, dispone que dos compañías se lancen al asalto del primer pico del Malmusi. Rápidamente, con las 21 y 22 compañías, a cuyo frente se pone el comandante Rada, los bravos legionarios se lanzan sobre el primer pico de los famosos "Cuernos de Xauen", que coronan a poco.

Son éstas las cargas a la bayoneta características de la Legión, a pecho descubierto, rápidas, de cara a la muerte. La compañía que recibe orden de lanzarse así sobre un objetivo, no titubea ni un momento. Saben sus hombres que van al sacrificio; que el choque ha de ser violento, feroz... Pero en ese choque, en esa lucha cuerpo a cuerpo con este enemigo, que hay que sacar de sus trincheras y cuevas a punta de cuchillo, está la decisión del combate, está la victoria.

Así, este día memorable del asalto de Monte Malmusi, la carga arrolladora de las dos compañías del comandante Rada cambió por completo la faz del combate, tan duro en sus comienzos. Han caído muertos el capitán García López y el teniente Llórente, de la 21 compañía. Y entre los heridos figuran el comandante Villalba, de las mehalas de Larache, y Muñoz Grande, de la de Tetuán, aunque leves, afortunadamente.

Hay que dar el último empujón al pico más alto del Malmusi; no cabe perder tiempo. El enemigo ha ido replegándose, pero arrecia sus fuegos, batiéndose a la desesperada.

Entonces Franco ordena que cese el avance y que las baterías y la aviación batan bien la cresta que hay que ocupar para hacernos dueños de todo el macizo.

Y la artillería, con precisión absoluta, empieza a coronar de metralla el último objetivo. Entonces avanzan las guerrillas, ganando palmo a palmo el terreno. Ya se va venciendo la dura barrera contraria... Ya están más cerca del alto pico... Y, de pronto, un grupo impetuoso se lanza sobre el crestón rocoso, y a poco se ven flamear, orgullosos, los banderines de la Legión y harcas, mientras el enemigo huye hacia una línea más profunda, perseguido por los fuegos de los nuestros.

Más cañones caen en nuestro poder; tres ametralladoras, fusiles...

Hay rasgos y detalles en esta dura lucha que conviene recoger y hacer resaltar, porque ellos marcan las condiciones en que se ha combatido, la acometividad enemiga, el espíritu de nuestras columnas y la importancia de la operación.

Poco antes de iniciarse el avance, el jefe del batallón de Infantería de Marina, que tenía formadas las fuerzas en el grueso de la columna Fernández Pérez, las arengó. Iban a tener su bautismo de fuego tomando parte en el primer avance sobre tierra de Alhucemas, y su jefe esperaba de ellos el mayor rendimiento para reverdecer los laureles de la Infantería de Marina española.

A poco de empezar su arenga, el enemigo rompió el fuego de cañón. Una granada cayó a pocos pasos del jefe; pero siguió su arenga, inmutable. Poco después, otra granada cae entre las filas del batallón, mata a un sargento y hiere a un soldado.

Nadie se movió de su sitio hasta que el jefe terminó la arenga vitoreando a España... Luego, el batallón, como todas las fuerzas europeas que fueron escuadradas en los flancos y vanguardias, supo comportarse admirablemente.

En el avance, unos bombarderos de la Legión y unas guerrillas de Regulares tropezaron con unas cuevas donde había más de veinte rifeños escondidos. Delante de las cuevas tenían puestas unas piedras a modo de parapeto, y no había forma humana de sacarlos de allí. Salían de la cueva, asomaban el fusil por entre las piedras y disparaban sobre las guerrillas nuestras. Y cuando veían llegar las granadas de mano que les arrojaban los bombarderos de la Legión, volvían a esconderse.

Así empezó una caza originalísima. Arreciaron los legionarios el bombardeo, lanzando gran cantidad de granadas sobre la boca de las cuevas, de las que pronto empezaron a salir los rifeños viéndose perdidos, intentando ponerse a salvo huyendo por las laderas del Malmusi. Al verlos, los regulares iniciaban un fuerte griterío—al modo que lo hacen en las cacerías de liebres—, mientras perseguían con el fuego de sus fusiles a los que escapaban, y hacían morder el polvo a muchos.

En una de las cuevas quedó un moro muerto con medio cuerpo afuera. Dentro tenía un perol con agua, otro con gran cantidad de cartuchos Lebel, un pico y una pala. ¡Por lo visto no necesitaba más para hacer la guerra! A otro se le cogió junto a un mortero.

Cuando los legionarios de Franco tomaban al asalto el altísimo pico del Malmusi, un fanático rifeño encaramado en él estuvo combatiendo hasta que llegaron los nuestros y le dieron muerte. Pudo haber escapado, huyendo con otros; pero no se movió de su atalaya, disparando siempre su fusil desde aquel picacho rocoso donde sabía que esperar a los nuestros, dueños ya del monte, era morir... Lo acuchillaron los primeros legionarios que ganaron la alta cresta.

Las bajas rebeldes en la ocupación del Malmusi y Morro Viejo no han de ser inferiores a 2.000, entre muertos y heridos. Ya en el campo dejaron 300 cadáveres... Las nuestras suman unas 700.

En cuanto al número de prisioneros, sólo la mehala de Abriát hizo 80 y cogió 156 fusiles, más bombas de mano y abundante cartuchería.

En la Cala del Quemado se hallaron ocultos en una cueva seis cárabos y una gasolinera de factura moderna, utilizada seguramente por Abd-el-Krim. El resto de la columna Fernández Pérez cogió 85 fusiles más. La de Saro, un centenar.

Después de este segundo avance se comprueba que, en efecto, la víspera estuvo el cabecilla en Yebel Malmusi, dando personalmente órdenes para la defensa del formidable macizo. Aconsejado por sus agentes—yo creo que avisado también por sus confidentes, que es probable los tenga entre nuestros mismos harqueños—, la víspera del avance se llevaron varios cañones a una segunda línea para batir mejor el frente por donde habían de avanzar nuestras fuerzas. Y, como de costumbre, amenazó con fusilar a los que se dejasen arrebatar el terreno que guardaban.

Los hubo, sí, que, fanáticos hasta la locura, se dejaron matar a bayonetazos por nuestras vanguardias antes que huir y abandonar las posiciones que ocupaban. Otros, antes de entregarse, se tiraron al mar o se despeñaron por los altos acantilados. Pero la ola arrolladora de nuestras guerrillas fue avanzando segura, conducida admirablemente por una oficialidad cuyo espíritu de sacrificio en esta ocasión raya en lo sublime. Y los bravos "urriaglis", de historia tan guerrera; los que jamás habían visto hollado su suelo por tropas de los Sultanes, ni mucho menos por ningún ejército europeo, cedieron terreno y perdieron dos formidables posiciones, donde, ya instalados y fortificados, había de ser más fácil el avance hacia nuestros objetivos.

* * *

Ha cesado el combate para la ocupación de Yebel Malmusi. Se fortifican los puestos que han de quedar consolidando el nuevo frente ocupado en Malmusi y Morro Viejo. Los soldados, estos admirables soldados nuestros que sobrellevan las penalidades y trabajos de esta campaña con una abnegación y entusiasmo grandes, llenan sacos terreros, clavan estacones, tienden los alambres espinosos de la alambrada, como levantando una barrera que contenga al enemigo si intentase reaccionar...

El Mando da la orden previniendo lo que debe hacerse para la vigilancia nocturna de los nuevos puestos. Se nombran las unidades que deben turnar durante la noche en el acecho de los movimientos del contrario. En la tierra, buscando la parte desenfilada, los soldados han abierto hoyos, que han rodeado de pequeños parapetos para resguardarse y descansar, mientras se suben las tiendas de campaña y puede instalarse mejor el nuevo campamento.

Ha anochecido. Vigilan desde el parapeto los nuestros todo el frente, escudriñando los repliegues de los barrancos próximos, donde también acecha el enemigo. Empieza a llover. Cae una lluvia fina, menuda, de otoño prematuro. El levante sopla en el mar y rompe sobre los acantilados de Morro Nuevo, abriendo grandes abanicos de espuma. Se destrozan algunas barcazas por la violencia del oleaje. Los barcos van desfilando en busca de refugio a Cala Tramontana, a Chafarinas, a Ceuta, hasta quedar solitaria la bahía... Y es más solemne el rugir del mar contra esta punta montañosa que ocupan los soldados de España,

De pronto, un griterío lejano. Los soldados del parapeto previenen sus fusiles. Alguien se acerca. Es un núcleo de moros, acompañados de sus mujeres y niños. Gritan a los leales harqueños nuestros. Quieren hablar con el general Sanjurjo, pedirle una gracia. Se avisa al cuartel general que unos moros del campo enemigo, acompañados de varias mujeres, quieren hacer una petición. ¿Pueden avanzar?

El general—este bravo general Sanjurjo, que hace aquí la vida misma del soldado—da orden de que avancen los moros y digan qué es lo que quieren.

Se les pregunta, y contestan "que quieren permiso para buscar a sus familiares muertos y darles sepultura, lo que harán si no se les tira".

El general les autoriza. Y en la noche, no muy lejos del terreno ganado por los nuestros en la dura jornada, el núcleo rifeño, provisto de faroles o velas, busca a los muertos en las grietas del terreno.

Es una búsqueda fantástica y macabra. La metralla deshizo a muchos combatientes, entre los que forman bocoias, urriaglis y tensamanies. Las granadas de mano, las de la artillería y escuadra, las bombas de aviación, mutilaron muchos cuerpos, que quedaron en los barrancos y las torrenteras, cara al cielo, como piltrafas para los cuervos, heraldos agoreros de la guerra.

El espectáculo de los buscadores de muertos, con las tenues luces—como gusanos de luz en medio de la obscuridad de la noche—, tiene una emoción de aguafuerte, de visión goyesca.

¡Qué contraste ofrece nuestra hidalguía, en este nuevo caso, con lo que de nosotros dice Abd-el-Krim a las cabilas! Un prisionero cuenta que el cabecilla ha dicho a todas las cabilas del bloqueo rifeño, ya en descomposición, que no intenten someterse a Francia ni a España, porque el sabe que les esperan los más grandes castigos, las torturas más horribles. Que España y Francia sienten una gran sed de venganza por los dolores que llevan sufridos en la guerra de independencia por él fomentada, y que hombre, mujer o niño del Rif que cae en nuestro poder recibe la muerte después de un lento y terrible martirio.

Así miente este envanecido cabecilla rifeño; así embauca a los fanáticos que le siguen para meros musulmanes que sabe han colaborado al esfuerzo que necesita para mantener una guerra dilatada y cruenta para todos...

Por el contrario, el de dos procedimientos de terror y venganza es él. A diario se tienen pruebas de ello. Fusiló al hijo de un caid de Beni-Tuzin porque el padre se resistió a seguir sus órdenes. El mismo procedimiento emplea con los caides que pierden alguna de las posiciones que tienen bajo su custodia y con los que no saben morir impidiendo el avance de las tropas.

Cuando las cabilas se niegan a darle hombres y dinero para sostener la guerra, manda sobre ellas una harca de confianza, que entra a saco en el terreno de los reacios y no respeta ni a las mujeres. Todos sus actos para imponerse a los suyos llevan un sello característico de crueldad. Y en el trato que da a los prisioneros musulmanes que sabe han colaborado al lado del Majzén, dice bien a las claras el sentido que tiene de la piedad...

Abd-el-Krim aprendió a nuestro lado lo que valía la civilización. Pero su alma rifeña supo asimilarse las ventajas de aquélla sin perder todas las características del moro...

Frente a lo que él dice de nosotros están nuestros actos: la hidalguía con que se acogió siempre a los que vinieron a solicitar por conducto de nuestras tropas el perdón del Majzén y, finalmente, el permiso de esta noche a hombres y mujeres enemigos—que hace unas horas nos combatieron—para que busquen en las sombras a sus familiares muertos, sin que nuestros fusiles tomen justas represalias...

* * *

Los prisioneros cogidos en este avance son llevados a presencia del jefe de las intervenciones militares. Se les interroga y cuentan algunas cosas interesantes.

Uno dice que Abd-el-Krim tiene con él gente europea, que va al combate con los rifenos. Tiene también más de treinta mecánicos argelinos, que arreglan los cañones y las ametralladoras.

Antes de acometer la operación de Morro Nuevo, Abd-el-Krim tenía en Axdir una harca de 500 hombres al mando del caid Bujut, de los cuales 300 mandó a Branés a combatir a los franceses, y 200 al frente de Tetuán, con orden de sitiar posiciones y atacar la línea española con la gente adepta que pudiera reunir en las cabilas. La gente de Branés que lucha contra los franceses la mandaba personalmente el hermano de Abd-el-Krim.

El día de la ocupación de Morro Nuevo, el terrible cañoneo que abrieron los barcos de guerra y el bombardeo de la aviación hizo cundir el pánico en Beni-Urriaguel, especialmente entre los poblados costeros. Todos los hombres abandonaron sus puestos y acudieron rápidos a sus aduares para poner a salvo a sus mujeres y ganados. La presencia de tan gran número de barcos frente a la costa causó un verdadero pánico entre aquellas gentes, que se retiraron hada el monte Braka. Pero Abd-el-Krim les mandó seguidamente que bajasen a la playa a combatir. Este día, en medio del general desconcierto, internaron a los prisioneros, llevando a un grupo a la cárcel donde Abd-el-Krim había tenido al Raisuni, a quien dicen que mandó apalear, muriendo a consecuencia de la paliza. ¡En manos de Abd-el-Krim murió al fin el "Águila de Zinat"!

El día de la ocupación de Morro Nuevo había poca gente en la playa—confirman los prisioneros—, contándose entre ella, desde luego, los sirvientes de los cañones y ametralladoras. Los cañones que tenían los rifeños en la bahía sumaban 50; pero el bombardeo de los barcos inutilizó muchas piezas.

El día de nuestro ataque a Morro Nuevo, Abd-el-Krim, bajo la influencia del terror producido por los barcos de guerra y los aviones, llamó a su hermano por teléfono y le dijo que se encontraba en situación muy difícil.

Otro dice que el cabecilla tiene mucho miedo desde hace algún tiempo. Nadie se puede acercar a él, de quien no se separa la guardia personal que tiene de gente que se dejaría Matar por él como perros. Tiene dos automóviles, manejados por un moro, en cuyos autos sale con frecuencia de Ait Kamara. Tiene próxima su oficina, donde varios taleb redactan en árabe las cartas y órdenes para los caides y cabilas. Su correspondencia es muy numerosa. En la oficina, dicen los prisioneros haber visto entrar y salir un europeo que recibe excelente trato. La gente teme a Abd-el-Krim. Más que obediencia al ejecutar sus órdenes, lo que le tienen es temor. Ha fusilado a mucha gente que le ha desobedecido, y tales procedimientos son demasiado persuasivos...

* * *

Hablo también con un confidente de la Alta Comisaría en vísperas del nuevo avance hacia Axdir sobre sus últimas impresiones allí recogidas, donde estuvo con ocasión de la visita de Echevarrieta.

Comentando la profusión de atrincheramientos encontrados por nuestras tropas desde que pusieron pie en Alhucemas, dice que no es de extrañar. Abd-el-Krim pregonó hace tiempo en los zocos que haría pagar cincuenta duros de multa a quienes no hicieran cuevas en sus cabilas. No es extraño, pues, encontrar en estos poblados que vamos rebasando las "jaimas" rodeadas de parapetos o cuevas, donde el enemigo supo hacerse fuerte y de donde fue preciso sacarlo a punta de bayoneta. La preparación del Rif para la guerra fue larga...

En cuanto a municiones, nótase una gran abundancia de cartuchería francesa. Aunque en su mayoría procede de las posiciones perdidas por los franceses en la línea del Uarga, puede que se siga contrabandeando por tierras de aquella zona. Los autos, las redes y material telefónico, tan abundante; la Prensa extranjera que entra en Axdir no caen del cielo. Un punto hubo—Taurit—que durante mucho tiempo fue paso abierto para que de Argelia se sirviese a Abd-el-Krim lo que necesitó para hacernos la guerra. A la sombra de aquel contrabando que entraba en el Rif se enriquecieron muchos vividores, que seguramente no se resignan a perder tan saneado negocio...

Abd-el-Krim tenía en Beni-Urriaguel 12.000 hombres armados para hacer la guerra. No quiere la paz porque tiene delirios de grandeza y ayudas positivas. El habla de la presidencia de su

República famosa, y cree formalmente que la Sociedad de Naciones podría admitirle en su seno. Hacer la guerra cuesta mucho dinero, aunque esa guerra se haga con soldados que apenas cobran soldada y se mantienen con tan poca cosa como el moro... El dinero para hacer la guerra tampoco le viene del cielo a Abd-el-Krim. Las cabilas, al menos, no lo tienen, por qué la miseria hace tiempo que reina en el Rif, y con lo que el pobre país pudiera tributar no hay para mantener tan dilatada campaña.

En cuanto al personal técnico que obra dentro del Rif, servios y alemanes son los que más abundan. Según mi confidente, se les ve entrar con frecuencia en Beni-Urriaguel. ¿Por dónde entran?... Las ametralladoras están servidas por un grupo de argelinos que desertó de la zona francesa y se fue al lado de Abd-el-Krim.

La leyenda fantástica de la riqueza minera del territorio de Alhucemas—es posible que la realidad no responda a ella—fue la que marcó un camino a muchos aventureros. Los manejos de unos y otros, las intrigas, abrieron al rifeño el espíritu de la codicia. Poco a poco aquello quedó convertido en buen campo de maquinaciones. Puede que los directores y colaboradores de Abd-el-Krim que vienen ayudándole para que haga la guerra no persigan mas que un fin utilitario sobre las decantadas riquezas mineras que se atribuyen a este pedazo de territorio de nuestra zona de influencia.

DEL MALMUSI A LAS PALOMAS

Fina septiembre cuando damos el tercer salto a tierras de Alhucemas. Tiempo magnífico. El mar, la bahía, semeja a un lago y tiene el mismo azul brillante del cielo. Buen tiempo, espíritu admirable, que no decae, en el ejército de operaciones... Hay confianza en el éxito con estos elementos.

Cuando amanece este día espléndido de fin de septiembre, las columnas de Saro y Fernández Pérez están dispuestas para el avance que el día anterior planearon los generales en el cuartel general de Sanjurjo.

Animación extraordinaria reina en la tropa, que en nada denota su excesivo trabajo de estos días. Aun no hay ganado suficiente, y estos soldaditos admirables siguen acarreándolo todo a brazo desde la playa: víveres, municiones, agua... Cuanto se necesita para vivir y hacer la guerra. El trabajo es duro. Pero es más fuerte el tesón de nuestros soldados, que esta mañana, momentos antes del avance, aun cantan alegres...

Los objetivos marcados a cada columna y las fuerzas que llevan son:

Columna del coronel Vera. —Lleva como objetivo Tara Mará y Buyibar, con el grupo de regulares de Melilla, apoyado por el batallón de África, núm. 68, una batería de montaña de 7 centímetros, una compañía de ingenieros, elementos de enlace, Sanidad y auxiliares. A la derecha e izquierda de la posición intermedia, la columna del coronel Goded, que avanzará así: por la derecha, el teniente coronel Abriat, con su mehala, y por el centro, apoyando a ambos, el teniente coronel Balmes, con sus dos banderas del Tercio y el batallón de Melilla, núm. 59.

En la columna figuran además una batería de montaña de 7 centímetros, dos compañías de ingenieros, Sanidad y demás elementos auxiliares. Como objetivos, ocupar un monte cónico y el extremo alto y posterior del Monte de las Palomas.

Columna del coronel Franco. —Las harcas de Tetuán y Larache, al mando del comandante Muñoz Grande, en la cañada que baja del Malmusi, apoyando su cabeza en las chumberas y poblado derruido. Dos tabores de regulares de Tetuán del teniente coronel Fiscer, en la cañada que baja de la casa ocupada por Arapiles, y apoyando a ambas, las dos banderas del Tercio al mando del teniente coronel Liniers.

A retaguardia de estas unidades, tres compañías de zapadores, con su teniente coronel, García de la Herrán; parque móvil, Sanidad y enlaces.

Columna del coronel Martín. —Un tabor de regulares de Tetuán, el batallón de cazadores de Segorbe, el de Tarifa, dos baterías y servicios auxiliares. Esta columna, a retaguardia de la de Franco, ocuparía varias alturas en el monte de las Palomas y la casa fortificada del collado.

En los campamentos quedan, apoyando el movimiento total de las columnas, hasta cinco baterías de 7 y 10,5.

A las siete de la mañana ha empezado la preparación artillera sobre los objetivos que han de ocupar las columnas. La de Saro, por la derecha, ganará el Monte de las Palomas. Por la izquierda, la de Fernández Pérez tiene la misión de ocupar Tara Mará y Yebel Busebluf.

La escuadra se ha dividido en dos agrupaciones, situándose a uno y otro lado de Morro Nuevo. El *Alfonso XIII*—que lleva a bordo al general en jefe—y el *Jaime*, con otros buques menores, dentro de la bahía, para batir la Rocosa, Yebel Sedun y otros emplazamientos de artillería enemiga. El *Reina Victoria* y varios cañoneros se situaron al Oeste de la Cebadilla, para batir los cañones enemigos que por el flanco derecho del avance habían de molestar a las tropas.

La aviación — numerosos aparatos de mar y tierra — hace su aparición temprano, e inicia combinadamente con la escuadra el bombardeo de todos los objetivos. A estos fuegos se une el de las baterías de tierra emplazadas en los "Cuernos de Xauen", Malmusi y Morro Viejo.

Una media hora dura la preparación artillera. Seguidamente comienza el avance, iniciando el movimiento las vanguardias de Saro y Fernández Pérez.

En punta de vanguardia van las harcas. Franco lleva las del bravo Muñoz Grande, que avanzan con el sostén de fuerzas regulares y Tercio.

Muñoz Grande, con sus harcas, avanza hacia el Monte de las Palomas. Pero Franco, que es hombre de excelente vista en el campo enemigo, aprecia pronto que la maniobra le será menos costosa que ocupar de frente este objetivo. Y dispone que se envuelva por la derecha el macizo.

Al efecto, Muñoz Grande dispone que la harca de Larache, que, herido Villalba, ha quedado al mando del capitán Amigó, flanquee ocupando unas peñas y varias casas donde el enemigo está atrincherado.

Rápidamente va Amigó a ocupar los objetivos que se le han señalado, entablando a poco violento fuego con los rebeldes, que, parapetados en las peñas y en las casas, están dispuestos a defenderse a la desesperada, impidiendo el avance.

Amigó divide a sus harqueños, y un grupo al mando del teniente Navacerrada y otro a las órdenes de Pardo, van decididamente a coronar las peñas y entrar en las casas.

El capitán Amigó va al frente de los suyos hacia ellas, desde donde les hacen un vivo fuego. Pide al asistente un rifle de su propiedad y es un soldado más disparando en la guerrilla.

Van avanzando con esa agilidad tan característica en los harqueños para aprovechar todas las grietas del terreno, llegando a diez metros de una de las casas donde más enemigos había. Entonces Amigó coge unas granadas de mano, que empieza a lanzar sobre aquélla. Y en estos momentos un balazo le hiere gravemente en el codo derecho. No importa: sus bravos arqueños han conseguido ocupar el poblado, y el flanqueo queda establecido, con el sostén de regulares y Tercio, mientras avanza la columna Saro envolviendo el macizo.

Hacia la derecha de Tara Mará, los valientes harqueños de Várela avanzan decididamente lanzando bombas de mano. La crestería de Tara Mará y Buyibar está cuajada de enemigos, lo que se adivina fácilmente por el humo de sus disparos. Más a la izquierda, para apoderarse de Cala Bonita, arrojando también granadas de mano—que abren sus vientres de fuego en las cortaduras enormes de las rocosidades de la costa—, avanzan los bravos regulares de Melilla. Es emocionante el espectáculo de este avance...

Las harcas de Muñoz Grande han ganado temprano las alturas del Monte de las Palomas. El avance es duro, porque el enemigo se defiende admirablemente en sus trincheras. La aviación, la escuadra y las baterías de tierra no cesan de concentrar sus fuegos sobre los puntos que ocupan los rifenos. Estos saltan de sus trincheras de vez en vez y van a situarse en las contra pendientes, desde donde hacen fuego de mortero. La harca Várela logra apoderarse de un cañón, y la vanguardia de Franco, de dos más. Los sirvientes quedaron sin vida al pie de los cañones. En muchos momentos se combate al arma blanca.

Y a las once de la mañana se va a dar el último salto sobre las crestas más altas del Monte de las Palomas. Al frente de sus harqueños recibe en estos momentos un balazo en la pierna el heroico comandante Muñoz Grande.

La harca de Jiménez Pajarero gana otros objetivos que tiene asignados. Y tras las harcas, los bizarros regulares de Tetuán del teniente coronel Fiscer van ocupando las laderas y alturas del Monte de las Palomas.

Franco, siempre al frente de su vanguardia, cruza el Tixdir y se dirige a las alturas ocupadas para dirigir el último salto, en el que interviene decididamente la bandera de Sueiro.

Sobre las fuerzas pasan soplando ruidosamente las balas de cañón enemigas.

La bandera de Rada va a reforzar a la harca de Pajarero. Algo a retaguardia, los cazadores de Arapiles y Tarifa, del coronel Martín, suben a relevar a las fuerzas que van avanzando hacia las cumbres. Y la columna del coronel Vera se lanza al asalto de Buyibar, consiguiendo coronarlo con gran rapidez.

Hay un momento emocionante. Están ya ocupados todos los objetivos de la jornada. Pero queda una casa fortificada llena de enemigos, desde donde hostilizan fuertemente. Un rato fue batida por una batería... El teniente coronel Liniers prepara sus legionarios para el asalto, con los harqueños. Y este núcleo de fuerzas avanza audazmente hacia la casa enemiga. Caen unos cuantos... Pero pronto la casa es envuelta y acribillada por las granadas de mano de harqueños y legionarios, que saltan por las tapias valientemente, despreciando la muerte...Un momento después, un legionario clava sobre la casa nuestra bandera. En el asalto muere el teniente

Ayala, de la harca, y cae herido Altolaguirre, de la Legión.

La jornada ha sido brillante. Yebel Buyibar, las Palomas y Busebluf quedan coronados y se inician las fortificaciones con rapidez. Los generales Sanjurjo, Saro y Fernández Pérez recorren las vanguardias. Y se transmiten al *Alfonso XIII*, para el general en jefe, los detalles de esta dura jornada, que ha costado unas 200 bajas.

Estamos sobre el límite de Beni-Urriaguel, de cara a Axdir. Nos separan de Beni-Urriaguel los barrancos del río Isli. El dominio nuestro en Bocoia es ya una realidad.

PISAMOS BENI-URRIAGUEL.
— LA "RAZZIA" DE AXDIR.
— LA MEJOR RECOMPENSA

Tres avances seguidos no los resistió nunca este enemigo africano, con el que tan larga y dura lucha venimos sosteniendo. Tiene, y lo ha demostrado siempre, un fuerte espíritu guerrero, una resistencia física extraordinaria y necesita poco para guerrear. Puede decirse que le bastan el fusil y los cartuchos...

Pero carece de bases, de enlaces de aprovisionamiento. Y un ataque de tres días, continuado y decidido, no lo resiste. Aquí tenemos la prueba en estos avances.

El general Sanjurjo, después de ocupar los límites de Beni-Urriaguel y Bocoia, no quiere dejarle reaccionar. Hay que aprovechar el desconcierto que reina en el campo rebelde. Y ordena que el día 1 de octubre, tras una corta preparación artillera, en la que toma parte la escuadra, se ocupe Adrar Sedun. Este objetivo corresponde a la columna de Fernández Pérez, que es reforzada con los regulares de Tetuán.

Al avanzar en vanguardia los harqueños de Várela, lo hicieron con decisión, con deseos de pisar pronto tierra de Beni-Urriaguel. Algunos, más osados, se ponen de pie al avanzar y desafían con sus gritos de guerra a los moros contrarios, que abrieron a poco intenso fuego Je fusil, ametralladora y cañón sobre la columna. Cruzan los aviones, y las ametralladoras y los cañones enemigos callan un momento. Luego vuelven a poner sobre las tropas que avanzan su silbido de muerte... De una casa hace fuego una máquina, que pronto cae en poder de los nuestros.

Várela, al frente de sus harqueños, tan valiente siempre, se lanza con los suyos. Le imitan los regulares de Pozas. Y como una ola, la vanguardia de Goded cruza el Isli y entra en tierra de Beni-Urriaguel.

A las once aproximadamente los regulares clavan su bandera en la cresta del Yebel Seddun. La escuadra no deja de tirar a la Rocosa, después de haber preparado este avance.

Hay a poco una reacción enemiga. El cañoneo se hace más violento, y una granada que fue a caer próxima al teniente coronel Pozas y otros oficiales está a punto de darles un disgusto serio.

Pero el coraje enemigo es ya tardío. Los regulares se han apoderado de la batería del Seddun, donde tenían dos cañones de 7,5, municiones, más de mil vainas vacías y una veintena de disparos de obús de 10,5. Las fuerzas de Varela y Balines han cogido varios prisioneros, una ametralladora, un fusil ametrallador y gran cantidad de cartuchos.

Hay una nota emocionante. A un soldado moro, casi un chiquillo, una bala de cañón enemiga le arranca un pie. Es preciso hacerle una amputación, y cuando vuelve en sí, su primera palabra es un ¡viva España!

Los prisioneros cogidos dicen que Abd-el-Krim ha huido hacia Ait Kamara con sus familiares, para proseguir su huida a Tarquiot, dejando únicamente en Axdir un caid con 400 hombres, la mayoría prisioneros indígenas franceses a quienes obliga a luchar contra nosotros, así como manda los nuestros al frente francés. Hasta el día anterior hubo prisioneros españoles trabajando detrás de Palomas y Buyibar, retirándolos por la carretera que va a Ait Kamara.

Este día no se avanza más, porque la jornada ha sido dura. El salto sobre Axdir quedó para el día siguiente.

* * *

Y el 2 de octubre, al fin, pisamos tierra en Axdir.

Desde Monte de las Palomas—donde el general Saro establece su puesto de mando—, la vanguardia de Franco se lanza a envolver el monte Amekran, enclavado en pleno territorio de Axdir.

El grupo de harqueños de Várela y legionarios de la vanguardia de Melilla asaltan la Rocosa por la izquierda.

En uno de los emplazamientos de los cañones enemigos había un rifeño viejo al cargo de las piezas; y como viera que huían los sirvientes ante el avance de los nuestros, la emprendió a palos con ellos, llamándoles cobardes y malos musulmanes. Allí murió el vejete fanático, sin abandonar las piezas...

Vencida la resistencia escasa de los contrarios, el avance prosigue sin que el enemigo, en franca huida, haga la resistencia que se esperaba, ya que la derrota en el propio nido de la rebeldía supone para ellos ante las cabilas un ruidoso fracaso...

Estamos sobre Axdir... Al pie de la Rocosa se extiende el poblado, diseminado hasta las márgenes del Guis, cuya vega y la del Nekor se ofrecen como un oasis después de esta cadena montañosa de Bocoia y Beni-Urriaguel que acabamos de atravesar. Desde la Rocosa puede contemplarse parte muy principal de Beni-Urriaguel, la famosísima cabila eje de esta campaña. Limita al Este con Targuits y Beni-Mesduit; al Sur, con Gueznaia, y algo más al Este, con Beni-Tuzin y Tensaman.

A nuestra derecha se alza el famoso Yebel Hanman—el verdadero Monte de las Palomas—, es decir, el verdadero tesoro de las minas. Porque este otro Monte de las Palomas que hemos ocupado no es todavía el que guarda loe tesoros de Beni-Urriaguel, que han de dar, a la larga, una vida próspera al futuro puerto de Alhucemas...

Rebasada la Rocosa y ya en pleno entusiasmo por el éxito, pues el enemigo huye hacia el interior, perseguido por los fuegos de la aviación, los nuestros irrumpen en el caserío de Axdir, la playa de Suani, los Cafetines...

El júbilo es inmenso. Los soldados se abrazan. Pisan -al fin la tierra donde se incubó tanto dolor y tanto sacrificio para España... Y en su entusiasmo llegan hasta las orillas del río Guis. En las casas de Axdir se entra "razziando" en firme. Cada harqueño o legionario lleva un puñado de fruta, gallinas, higos, platos, libros, "arbaias", "skaras"...

En una escuela del poblado encontramos libros del Corán y geometrías árabes. En otra casa, hojas del *Argus de la Presse*, que servía a Abd-el-Krim toda la información mundial que se refería al pleito rifeño y su cabecilla. También encontramos planos curiosos, pero hechos de manera graciosa, como por un chico aventajado. Uno de los planos representa un barco mercante y un aeroplano para los "ejércitos" de mar y tierra de Abd-el-Krim. Otro plano es para la construcción de un palacio almenado, en cuyo frontis ondea una descomunal bandera del Rif. Los dibujos tienen una ingenuidad infantil. En un libro del Corán me encuentro el programa de un circo que trabajó en Tánger hace tiempo, con grabados de trapecistas, *écuyeres* y equilibristas.

Nuestros legionarios descubren el sistema de riego de esta cabila: acequias con esclusas, con las cuales regaban sus huertas hasta ahora los pobladores de Axdir. Los legionarios abren las esclusas y dejan correr el agua por la vega, que pronto rebrilla bajo el sol, como si la hubiesen bañado de plata...

El caserío abandonado nos refresca la leyenda de que en Beni-Urriaguel millares de sus habitantes dicen con orgullo que no han rozado sus ropas con las de ningún cristiano. Sin embargo, han huido ante el avance decidido de los nuestros. La historia guerrera de los "urraglis" registra este hecho aciago.

Mientras los harqueños se quedan en las casas, saqueándolas y buscando botín, los legionarios fueron al castillete de la playa, sacaron de él dos ametralladoras y lo destruyeron. Detrás había un depósito de municiones, en un subterráneo.

De una casa del poblado nos traen una carta curiosa, dirigida a Abd-el-Krim por uno de sus caides en la zona francesa, en la que se le da cuenta de la marcha de las operaciones y le pide más gente para dar el asalto a una posición.

Como Abd-el-Krim, al parecer, es hombre prevenido, había convertido en hospital una de estas casas del poblado: cuatro camas de Madera, con somier, colchón y manta. Una mesa de operaciones, y un tablero con algunos pavorosos instrumentos de cirugía....Para recuerdo, un legionario se lleva una sierra enorme, de amputación, desdentada y llena de óxido.

Husmeamos todo esto con curiosidad, porque tiene su interés ver cómo vivían los famosos "ejercitos" de Abd-el-Krim. Y más interesante aun apreciar de cerca el alcance que había tenido la colaboración extranjera en todo este pleito del Rif.

Los prisioneros aseguran que tenían varios puestos escalonados de evacuación, con camillas, hasta el hospital, donde manos expertas atendían a la curación de los heridos. Rudimentarios son, en efecto, los elementos que hemos visto; pero a no dudar, manos europeas han hecho frente a la curación. En cuanto a lo demás- artillería, dirección de la campaña, etcétera, el tecnicismo con que se ha llevado por parte de los contrarios bien a las claras dice la ingerencia de elementos extraños.

El mito se ha deshecho. Hemos entrado hoy en la casa del famoso "Pajarito" donde se ha encontrado un gramófono; en la primitiva casa de Abd-el-Krim—aún no hemos ido a su cuartel general—; hemos recorrido la pista de los prisioneros, donde tanta vejación sufrieron los supervivientes de Monte Arruit, cuyos dolores hemos vuelto a recordar pisando este terreno maldito...Se exhumarán los restos de los que aquí fueron asesinados por las hordas rifeñas, que han huido ante el empuje de los nuestros. Hoy por hoy, podemos sentir como españoles esta íntima satisfacción... Que siempre tiene un grato sabor la venganza, cuando no va emponzoñada de traiciones, sino cuando se ganó lealmente, cara a cara, como ahora lo han hecho nuestros bravos soldados.

Los hidros, que con los aparatos de tierra han cooperado a estas operaciones, descienden entre nuestra isla de Alhucemas y la playa.

Hacia el mediodía salta al Peñón el marqués de Estella, acompañado del general Sanjurjo y los duques de la Victoria.

La población de la isla de Alhucemas, desde todas las alturas, contempla entusiasmada el espectáculo de Axdir invadido por los nuestros.

En la playa de Suani se bañaban algunos legionarios. A la isla vinieron en cárabos cogidos a los moros algunos oficiales, que dieron cuenta al general Primo de Rivera del resultado de la operación.

Ya estamos en Axdir. Le parecía imposible a muchos. Si España, en lo que se refiere a Marruecos, no estuviese curtida ya por el dolor e insensibilizada por el desgaste de esta guerra, la entrada en Axdir la hubiese celebrado por lo que significa en la marcha de nuestra política africana. Las cabilas nos creían impotentes para entrar en Beni-Urriaguel. Abd-el-Krim tenía una fuerte historia acrecentada con éxitos indiscutibles. En el Rif se creyó que era Abd-el-Krim el elegido por Dios para defender su suelo... Y contra esa roca se estrellaba toda política a nuestro favor.

* * *

Pocas veces se ha llevado a cabo con esta rapidez un período de operaciones tan decisivo. Pocas veces se ha hecho así, y fue un error.

Y gracias a esta rapidez hemos visto a los rífenos ceder y ceder terreno sin ánimos de reaccionar, como si el empuje de los nuestros hubiese dado al traste con su moral.

Hay que reconocer que el desenlace de nuestra entrada en Axdir ha equivocado a pesimistas y optimistas de la operación sobre Alhucemas. Aparte de las razones de creación de nuevas dificultades con el aumento de este nuevo sector de combate, los pesimistas creían que el número de bajas que habíamos de tener era incalculable. Los optimistas, los que consideraban que entrar en Axdir era dar por terminado el problema —nosotros creemos honradamente que no es así—, calculaban siempre un respetable número de aquéllas para lograr nuestro propósito. Se habló demasiado y se conocían bien los numerosos emplazamientos de artillería, ametralladoras y minas que el enemigo tenía dispuestos para oponerse a nuestra entrada en su territorio. Y por eso se calculaba en varios miles de bajas el coste de esta operación.

Los resultados han equivocado a todo el mundo. Aparte de las bajas tenidas durante el cañoneo enemigo de la Cebadilla—donde se aguardó a tener elementos para proseguir el avance—y el asalto al Malmusi, que ha sido la jornada más costosa, lo demás ha sido relativamente fácil.

Se ha luchado en terreno difícil y bien fortificado. Pero se ha luchado bien. El Mando tenía un buen descanso: los jefes de las vanguardias, los coroneles Franco y Goded. El primero es el genio de esta guerra, el jefe de excelente golpe de vista sobre el terreno, el psicólogo de esta campaña. El segundo, Goded, es el jefe de valor sereno, calculista, técnico. Y estos jefes han contado con una tropa nunca igualada. El pueblo que da estos hombres merece ser grande. Las madres que dan hijos que saben batirse así, en una campaña que llegó a ser tan impopular en España, deben estar orgullosas.

Con estas tropas, Sanjurjo, que ha mandado las operaciones, y sus jefes de columna, Saro y

Fernández Pérez, han podido proceder con acierto. Sanjurjo ha dado cima en unos días a lo que tanto y tanto se temió que costara. Y con la colaboración eficaz de la Marina, que ha estado incansable, y de la aviación, que ha rendido su máxima eficacia también, hemos logrado el éxito. ¿Buena suerte? ¿Valor? ¿Ansias de terminar con la pesadilla de Axdir?... No lo sabemos, como no sabemos todavía el alcance que pueda tener la derrota del cabecilla echándole de su madriguera. Lo cierto es que sobre Axdir ondea ya nuestra bandera.

Dejad que por un momento aún, cuando vuelva luego la probable reacción y haya que volverse a luchar, sintamos la emoción del momento y la alegría del triunfo de estos soldaditos, a cuyo valor todo se debe... Dejad que ante estos abrazos que le dan jubilosos nuestros soldados en el propio foco rebelde, y mientras los habitantes del Peñón de Alhucemas, libres del yugo del campo frontero, dan vivas entusiastas, nos sintamos hoy un poco más fuertes. Que en la historia de los pueblos son precisas estas reacciones, y las victorias en las guerras—aunque son a costa de sangre y sacrificios—tienen también su bárbara alegría...

DESPUÉS DEL ÉXITO.— LOS PRISIONEROS. —EL "EJERCITO" DE ABD-EL-KRIM. — LOS AVENTUREROS

"Razziado" el caserío de la playa de Axdir, sin adentrarnos en él ni fortificar nada de momento, las tropas se repliegan a la línea de posiciones ocupadas sobre el poblado, que se extiende al pie de ellas. Es como una media herradura: Yebel-Seddun-La Rocosa-Las Palomas-Amekran, cuyos fuegos dominan el poblado. Más al fondo, y a la derecha, quedan Ait Kamara y el Yebel Hamman o Monte de las Minas...

A la ocupación de esa línea de posiciones sigue una tregua. El enemigo, en franco desaliento, tarda en reaccionar y sólo de noche, en la parte de la derecha, por las avanzadillas del Amekran, ataca con morteros y logra hacernos bajas, aunque no muy numerosas.

Las tropas fortifican bien todo el terreno chupado, procurando afianzar el flanco derecho. El trabajo es duro y expuesto, pues la hostilidad, aunque no muy grande, sigue.

Una de estas noches se presentaron en las posiciones de Saro dos prisioneros españoles, que habían logrado escapar de las garras de Abd-el-Krim.

Estos dos muchachos se llaman Marcelo López y José Jiménez. Pertenecían al batallón de Chiclana y tropas de Intendencia de Larache, respectivamente, y cayeron prisioneros en la evacuación de la posición de Debna, de aquella zona, después de treinta y cuatro días de asedio. Al caer prisioneros los llevaron a la cabila de Sahara, donde estuvieron dos meses, transcurridos los cuales los llevaron a Axdir. Tardaron catorce días, parando dos en Tazarut, donde vieron grandes destrozos y numerosos cadáveres que habían hecho nuestros aparatos después de haber sido hecho prisionero el Raisuni. En Axdir formaron parte de una de las brigadas de prisioneros en que éstos estaban distribuidos, dedicándose al trabajo de pistas y construcción de parapetos. Eran objeto de duros castigos cuando se negaban a trabajar. Les hicieron transportar los cañones franceses que los rifeños iban trayendo del Uarga en el desastre de abril, que fueron numerosos.

Según estos prisioneros, el número de los españoles que aun quedan en poder de Abd-el-Krim asciende a unos 400, de ellos 25 oficiales. Han muerto muchos. El número de prisioneros franceses es más crecido, contándose entre ellos 40 oficiales.

Les daban mal de comer, pues los convoyes que España enviaba se los distribuían los rifeños. Uno de los frailes de Tetuán que estaba con ellos falleció durante el cautiverio. Marcelo López intentó escaparse en mayo con otro soldado, y después de varios días de penoso andar, dándose cuenta del gran destrozo que habían hecho los rifeños en la zona francesa, llegaron a unas posiciones que estaban ocupadas por éstos. Les encerraron nuevamente, volviéndoles a Targuits. Dicen que los rifeños confiaban en que nunca desembarcaríamos en Alhucemas. Por eso el día del desembarco en Cebadilla había poca gente, pues habían acudido a Sidi-Dris y Uad Lau. Tres o cuatro días después empezó a acudir la gente del interior. Cuando vieron la cantidad de barcos y el enorme bombardeo de la aviación y cañones de la escuadra empezaron a decaer los ánimos. Y encorajinados por su fracaso extremaron el mal trato con los prisioneros.

Tres días después de desembarcar en la Cebadilla los prisioneros eran internados hacia Ait Kamara y Targuits. Al internarlos, los rifeños les obligaron a transportar un gran convoy, cargando sacos los oficiales con la tropa... Una de las brigadas de prisioneros estaba a cargo del sargento Morato; otra, al mando de un guardia civil.

A viva fuerza los empleaban en el emplazamiento de los cañones, arrastrándolos de un lado para otro, según las fuerzas españolas iban avanzando.

Alemanes y franceses, algunos desertores de la Legión francesa, manejaban los cañones. El suplicio de los prisioneros era grande, pues tenían que aguantar todo el fuego que hacían al enemigo nuestras propias tropas. ¡Deseaban morir de una vez, pero con aquella gente, que tanto les hacía sufrir!

Los kilómetros de carretera construida desde Axdir hacia la zona francesa dicen que pasan ya de cincuenta. El hermano de Abd-el-Krim vino de la zona francesa ante la gravedad de la situación en Axdir, sosteniendo un altercado con su hermano, pues aquél quería pedir la paz, mientras Abd-el-Krim negábase a ello.

Dicen los ex cautivos que con nuestra entrada en Axdir cundió el desaliento entre las gentes a sueldo de Abd-el-Krim, y que por las noches, que vuelven a salir para vigilar los poblados todavía no ocupados de la cabila, tienen los caídes que repartir palos abundantes, pues los soldados rifeños se resisten a obedecer.

La organización del ejército rifeño es curiosa. Tiene seis compañías. Las mandan sus clases, oficiales y un capitán, llevando la divisa sobre una especie de turbante o gorro verde. Los alféreces llevan un galón, dos los tenientes y tres los capitanes, al estilo francés. Los cabos y sargentos llevan su divisa correspondiente. Los artilleros usan el turbante negro, y los "askaris" sólo llevan el número de orden en el turbante. Como puede verse, hay uniformidad...

Cuentan también estos muchachos que antes de escaparse vieron en Ait Kamara dos europeos muy bien vestidos, con impermeables. Altos, delgados y rubios, parecían ingleses o alemanes. No hablaron palabra cuando se acercaron a ver los prisioneros acompañados de Abd-el-Krim. Los vieron entrar con él en la casa de Ait Kamara—que tiene cuevas amplias—, y ya no los volvieron a ver más.

Marcelo López y José Jiménez lograron escapar de noche cuando, en unión de un núcleo de prisioneros, iban escoltados hacia la casa donde dormían. Aprovechando la oscuridad de la noche, quedáronse algo rezagados, ocultándose entre unas chumberas. Luego corrieron, aunque con precauciones, para burlar las guardias, consiguiendo llegar a las dos horas, con la emoción consiguiente, a las guerrillas de la columna Saro.

¡Qué alegría más intensa la de estos muchachos al verse al fin entre nosotros, libres de los peligros terribles a que queda sometido todavía un puñado de hermanos!

* * *

Al cuartel general de Fernández Pérez traen dos prisioneros que han hecho nuestras tropas. Los encontraron escondidos detrás de unas piedras, y dicen que venían a entregarse. Son dos alemanes vestidos con buenas chilabas. A mí me dan muy "mala espina", no obstante asegurar ellos que eran de la Legión francesa y que fueron hechos prisioneros de Abd-el-Krim cuando el desastre francés en el Uarga. Yo creo que estos dos "puntos" son dos de los numerosos agentes que colaboran con el cabecilla beniurriaguel. También hay en el cuartel general, dispuestos para llevarlos a Melilla, diez prisioneros más, argelinos, vestidos a la europea, que fueron cogidos al pie de las ametralladoras enemigas. Son repulsivos estos individuos, porque cuando van a ser conducidos al barco que los llevará a Melilla bromean y ríen con un cinismo desconcertante. ¡Suerte para ellos fue que no les cogiese la Legión en el avance, porque los legionarios suelen hacer pocos prisioneros!

Esta gente extranjera, bien como agentes de las juventudes turcas o de alguna tenebrosa maquinación internacional, o como simples ambiciosos que esperan la revancha de las ricas entrañas de esta tierra, han sido los que han dado al problema africano un cariz delicado y peligroso.

De un agente turco cerca de Abd-el-Krim se ha podido interceptar una carta que comprende los planos generales de su intervención en el Rif. He aquí la parte más interesante de dicha carta, dirigida por Ahmed Bey a otro oficial:

"Pude burlar la vigilancia de la frontera francesa y llegar a Axdir tras un viaje incomodísimo. No nuestro despreciado Angora, el más humilde poblado turco tiene más recursos y ofrece mayores comodidades que la capital rifeña.

"Las noticias que corren por nuestra Prensa son exageradísimas. ¡Cuánto echo aquí de menos el baño, la limpieza, las comodidades que ofrece todo pueblo que precia ser capital! Una aglomeración desordenada de pobres edificios, con sus interiores encalados, llenos de miseria, sin noción siquiera de lujo, sucios, casi sin muebles...: éstas son las casas rifeñas. Pero soy un soldado y estamos en guerra; tengo una cueva debajo de mi casa para refugiarme de los ataques de aviones, y de día he de resguardarme en ella con frecuencia.

"Abd-el-Krim me ha recibido bien; por más que sospecho que su orgullo guerrillero le hace despreciar interiormente a todo jefe de un ejército regular, aun cuando sea diplomado en la Escuela de Guerra Francesa, como me sucede a mí. Es curioso que yo emplee hoy contra Francia la ciencia que de ella (y con este fin) recibí. ¡Qué ciega está al pensar que bastaron las novelas de Loti y de Farrere para que olvidemos que, pese a la alianza que nos unió con ella desde Francisco I, es siempre la nación que nos quitó Túnez y Argelia!

"Abd-el-Krim no es Mustafá. Su prestigio es grande entre esta gente inculta. Pese a nuestro escepticismo religioso, precisa reconocer que el fanatismo de nuestros pueblos es el mayor factor de éxito, hasta substituye la falta de unidad nacional que padecemos. El orgullo del caudillo rifeño es inmenso; piensa hacerse Sultán de Marruecos y de Argelia; su ambición no tiene límites, y si su ignorancia, su vanidad y su capacidad militar no nublaran su inteligencia, sería comparable a Mustafá. Nada ni nadie se asemeja en el Rif a Turquía; todo es más pobre, más atrasado, inculto, miserable. Hay excelentes soldados; pero no se encuentran jefes y menos generales que sepan maniobrar. No hay materialmente con quién sostener una conversación.

"Inicié mi papel de consejero en circunstancias bien desfavorables. Orgulloso de tener ante mí como adversario al mariscal Pétain y al dictador español, me encontré (como verás en el croquis que te mando) con la costa amenazada y bloqueada; los españoles ocupando sólidas líneas al Este y al Oeste, y los franceses preparándose a recuperar el Uarga.

"Intenté primero rechazar a los franceses, anticipándome a su ofensiva, confiando en que la política española parecía imponer una estrategia defensiva de inmovilidad. Tenía tres objetivos: atacar Fez, hundiendo el frente enemigo, levantando en armas Marruecos entero; cortar la comunicación entre Marruecos y Argelia, ocupando Taza, y tomar Uazan, la ciudad de los jerifes, cuya influencia podía ayudarme. Estuve a punto de obtener dos de ellos, pues llegaron partidas de caballería al ferrocarril de Taza, cortaron la línea, levantaron el país, sitié Uazan y pude recoger botín, asaltando algunos puestos franceses defendidos por senegaleses. Pero la contraofensiva francesa y en Uazan la franco española nos deshizo, precisamente cuando más esperanzados estábamos. Tuvieron nuestros éxitos resultados fatales, pues tan cerca estuvimos de la victoria, que Francia entera se conmovió. Volvió Pétain con ciento cuarenta mil hombres, se reconcilió con España, y ambas naciones unidas acordaron y concertaron nuestra destrucción. A partir de aquel momento se inició nuestra huida a Messina. Aquello fue nuestro "Mame".

Empezaba a inquietarme España. Los informes de Abd-el-Krim decían que los españoles sólo se moverían cuando las columnas francesas estuvieran en el valle del Nekor. Disponía, pues, de tiempo. Pero más tarde pudimos saber que los españoles preparaban un desembarco. Tenía que aconsejar a Abd-el-Krim; las flechas que pinté en el croquis te dirán más que mis razonamientos de cuántas direcciones tenía que guardarme. Mas quedaba el mar, donde se observaba gran actividad, y ante las innumerables direcciones de ataque, muchas noches pasé cavilando.

"Recordando mis estudios, pensé situar un fortísimo núcleo en cada flanco de nuestra línea: en Xauen y en Ali-Bu Rekba. Una reserva central en Taberrant y otra en Axdir habían de acudir a cualquier punto amenazado. Cada cabila, con su población íntegra en armas, había de defender su suelo. Fortifiqué la costa, la artillé en todas las radas favorables a un desembarco (Uad Lau, Sidi-Dris, Torres de Alcalá, Peñón), y decidí anticiparme a los preparativos españoles, destruyendo la artillería de la isla de Alhucemas y atacando Tetuán. Mi fuego de contrapreparación contra las baterías de Alhucemas no fue bastante eficaz, por falta de municiones suficientes, y mi ataque a Tetuán, si "bien puso en duro aprieto al Mando español, no ha logrado romper la línea ni lo que se consideraba como esencial: socorrer en víveres y hombres a los "anyeras", levantando su moral. No pude impedir el desembarco en Morro Nuevo. Lo esperaba en Sidi-Dris y en Uad Lau, pues creí iban los enemigos a Xauen, y mi crédito peligra ya con Abd-el-Krim. Vuelvo a pasar noches mirando las flechas del croquis, cavilando por dónde han de venir los ataques. Continúo con mis alas reforzadas en mi frente terrestre, desguarneciendo el centro y fortificando Axdir contra todas las probables direcciones de ataque.

"Nuestro cerco está iniciado; mi esperanza — ¡yo que soy ateo!—está en Alá; él puede anticipar la estación de las lluvias, y entonces tendremos el invierno, los temporales, la falta de aprovisionamiento, y durante ese tiempo podemos esperar que el comunismo imponga la paz a Francia y España. Es curioso observar que al tradicional poder musulmán se alíe el dogma revolucionario más moderno. De esta unión sólo espera ya nuestra victoria."

IMPRESIONES FINALES.-FRENTE AL PORVENIR

Cierro este libro cuando, fortificados en nuestra línea Seddun-Rocosa-Amekrán, el plan de colaboración terrestre franco español tiende a seguir desmembrando el bloqueo rifeño con un avance francés hacia Gueruaia apoyado por las tropas españolas.

No hay que olvidar que los acontecimientos de la zona francesa, el levantamiento de abril y el derrumbamiento de la línea militar francesa del Uarga precipitaron el acuerdo franco español de Madrid para operar sobre el foco rebelde. Ciertamente interesaba por igual a España y Francia obrar así. El giro que iba tomando la rebelión, un instintivo sentimiento de conservación, aconsejaba ir decididamente a resolver entre las dos potencias lo que por igual les causaba daños tan hondos como los registrados en la historia de los dos protectorados.

Pero, con todo, la débil situación militar de nuestros vecinos al declararles la guerra Abd-el-Krim, cambiando la línea de conducta que seguía, puso de manifiesto al Mando y al Gobierno francés la necesidad de buscar nuestra colaboración, que se ofreció pronto y sincera. No era posible vencer la rebelión operando aisladamente. Se precisaba una presión convergente para que, dilatando los frentes de combate, las harcas no cargaran sobre uno solo todo su brioso empuje.

No puede tener queja Francia de la ayuda española. El desembarco en Alhucemas le ha quitado de su frente acaso los mejores guerrilleros que Abd-el-Krim trajo y reunió para la defensa de su territorio amenazado.

La colaboración de España, haciendo un gran esfuerzo militar para atacar a Beni-Urriaguel, permite entonces a los franceses moverse con mayores facilidades, recuperar casi la totalidad de sus posiciones perdidas de abril a junio, normalizar la grave situación creada a Uazan, Fez y Taza e iniciar su avance al norte de Kifane para someter a sus tribus de Gueznaia y Metalza, en cuyos puntos, por el flanco derecho, le apoyan también las tropas del coronel Dolía en Melilla.

No pueden tener queja los franceses de la nobleza española ni del valor del soldado español, que llegaron a poner en tela de juicio. Pero, en fin, era necesario, imprescindible, que nos tendiésemos cordialmente las manos para acelerar la desmoralización del bloque rifeño. A Francia la guerra le cuesta ocho millones diarios de francos. Para España es un peso enorme el sacrificio de hombres y dinero... Había que buscar la solución, ya que esta inteligencia de hoy no partió desde el momento de la firma de los tratados que confiaban la empresa a Francia y España, haciendo fácil y poco costosa la obra a realizar en África...

Mas no nos lamentemos. No es la hora de ello. Por lo que se refiere a España, en particular, sí debe decírsele la verdadera situación una vez dominado Axdir.

La verdad en este caso es decir al país que el golpe de efecto dado con nuestra entrada en Axdir puede y ha de tener una saludable repercusión en todo el imperio, que servirá para que nuestro prestigio recobre su preponderancia y para que las cabilas— muchas de ellas espectadoras siempre de la marcha de los acontecimientos—se inclinen al lado de España. Esto ya es bastante para hacer variar muy favorablemente para nuestra causa la faz del problema, tan cubierto de nubes amenazadoras hasta hace poco.

El pueblo tiene derecho a que se le dé cuenta bien del desarrollo de los acontecimientos africanos. Enmarañado por cuantos pusieron mano en él, África no tuvo para España sino dolores y sacrificios...

Y dándolo todo para Marruecos, gastando aquí lo más florido de su juventud y lo más saneado de su hacienda, España tiene derecho a que se le diga claro cuál es la marcha de estos asuntos, sin subterfugios ni rodeos No decirle la verdad, muchas veces despistó a la opinión, desconcertó a los que se interesaban por la marcha de nuestra intervención aquí como protectores y terminó aburriendo a todos.

A esto se debe que España acoja ya los triunfos africanos un poco fríamente. Diríase que recela, que desconfía de verse libre de la larga pesadilla...

Hay que decir la verdad en esta hora solemne, y para decir la verdad hay que empezar por deshacer lo que algunos periódicos han hecho creer, dando por terminado el problema de Maruecos con nuestra entrada en Axdir. No hay que perder el juicio ni en los momentos en que nos embargue el espíritu el sabroso vinillo de la victoria.

Ni pesimistas ni optimistas, procuremos colocarnos al juzgar el momento en un buen término. Estamos frente a una campaña, acaso no corta, a fin de deshacer, en colaboración con Francia, lo que la rebeldía había formado para combatir la obra que a españoles y franceses se nos había confiado. No hay que olvidar que tenemos un frente más que atender: Alhucemas, cuyo futuro puerto y la explotación de sus riquezas no se sabe aún si podrán compensar parte de los sacrificios que hoy nos cuesta...

Alguien reasumiría categóricamente el momento con esta pregunta: "La entrada en Axdir o el dominio que sobre él se ha conseguido ¿resuelve el problema de África?" Los que saben que este problema es muy complejo; los que seguimos paso a paso desde hace muchos años la evolución de la política marroquí y la gran conmoción sufrida por la intervención en ésta de muchos elementos extraños, bien sabemos que esto no es sino la reducción del problema a un plano más favorable, encarrilándolo por cauces mejores, que nos irán facilitando más holgadamente llevar la paz a muchas regiones hasta aquí rebeldes e ir laborando por que Marruecos no siga siendo para España una hemorragia...

La huida de Abd-el-Krim de su propia casa, sin defenderla apenas, implica una derrota ante las cabilas que le seguían. Es cierto. Pero esto no es bastante aún para dar por terminado el problema de la rebeldía, que es el que nos exige los mayores sacrificios. Esta es la verdad que conviene hacer saber al país para no engañarle; como es preciso también decirle muy alto:

¡Admira a tus hijos, que en esta campaña han puesto muy altas las virtudes de la raza!

Marruecos, mayo-octubre 1925.

INDICE

PRIMERA PARTE

Sin prólogo. — La última sorpresa. — Sobre nuestras nuevas líneas	4
Las dos zonas. —La guerra en sombras	10
Las causas del levantamiento. —Los primeros chispazos. —"En todas partes ..."	14
Impresiones de Fez. —El fantasma de Bibane. —"Cocots" y "jazz-band"	22
Visitando el frente. —El nido de la rebelión. Los difíciles momentos del levantamiento	30
El fracaso del sistema de los pequeños puestos. —Los asedios de Aulay y blocao núm. 7	37
En el Uarga, con la columna del coronel Freyndemberg. —Episodios del levantamiento y rasgos de la lucha	42
De Chentafa a Beni-Derkul—El asalto a Bibane	51
La intervención del Parlamento. —Se definen algunas actitudes	57
Los primeros combates en la región de Uazan. —Los "chorfas" uazaníes.— La evacuación. —El viaje de Painlevé y su entrevista con el Sultán	67
Viaje político del Sultán a Fez	74
La colaboración franco española. —Mar y tierra. Algunos datos interesantes. — Una carta de Abd-el-Krim	81
Las evacuaciones de heridos. —Sker. —Datos curiosos. —Lala Aiaicha	97
El Ait-el-Kevir en Fez. —No viene Abd-el-Krim... —Los ataques a Taza. —En el aduar de El Mokadem. —La evacuación de Taza	106
El problema del Rif y el Directorio español. —Lyautey preterido	127
En Casablanca. —Los grandes caídes del Sus. El fantasma de la guerra	136
Las harcas amigas. —Pétain y la táctica enemiga	143
España y Francia- ante la paz con Abd-el-Krim. — Polémicas sobre la colaboración	150
Uazan y la colaboración francoespañola en el Luccus. — Los primeros movimientos combinados	167
La paz ofrecida a Abd-el-Krim	179

SEGUNDA PARTE	
Del Uarga a Alhucemas. —Ataque a la isla. Los preparativos para el desembarco	**185**
Hacia Alhucemas. —Cuatro días a bordo. —El salto de la columna Saro	195
Abd-el-Krim quiere cumplir su amenaza. —El ataque a Tetuán. —A tierra	212
La vida en Cebadilla. —La lucha en sombras. Sin agua. El cañoneo enemigo	217
El asalto al Yebel Malmusi. —Rasgos de la lucha	228
Del Malmusi a las Palomas	243
Pisamos Beni-Urriaguel. —La "razzia" de Axdir. — La mejor recompensa	249
Después del éxito. — Los prisioneros. El "ejército" de Abd-el-Krim. — Los aventureros	258
Impresiones finales. —Frente al porvenir	267

www.ingramcontent.com/pod-product-compliance
Lightning Source LLC
Chambersburg PA
CBHW020743100426
42735CB00037B/330